Anstöße Politik

Berufliche Schulen

Lehrerband

Autoren:
Jürgen Feick
Oliver Grenz
Jörg Köchling
Stefan Mattheus
Harald-Matthias Neumann
Thomas Specht
Berthold Sprenger
Andrea Wiemeyer

Ernst Klett Verlag
Stuttgart · Leipzig

Bildquellennachweis

Cover.oben Thinkstock (Hemera/Natalia Silych), München; **Cover.unten** Glow Images GmbH (BlendRF), München

Sollte es in einem Einzelfall nicht gelungen sein, den korrekten Rechteinhaber ausfindig zu machen, so werden berechtigte Ansprüche selbstverständlich im Rahmen der üblichen Regelungen abgegolten.

1. Auflage 1 5 4 3 2 1 | 18 17 16 15 14

Alle Drucke dieser Auflage sind unverändert und können im Unterricht nebeneinander verwendet werden. Die letzte Zahl bezeichnet das Jahr des Druckes.

Autoren: Jürgen Feick, Toulon; Oliver Grenz, Herne; Jörg Köchling, Notteln-Appelhülsen; Stefan Mattheus, Lüneburg; Harald-Matthias Neumann, Bad Bodenteich; Thomas Specht, Beverstedt; Berthold Sprenger, Recklinghausen; Andrea Wiemeyer, Recklinghausen

Redaktion: Redaktionsbüro Lampe, Leuna
Assistenz: Annett Semmler
Herstellung: Krystyna Schütze

Satz: Köhler & Köhler GbR, Taucha
Druck: Medienhaus Plump GmbH, 53619 Rheinbreitbach

Printed in Germany
ISBN 978-3-12-800495-2

Inhalt

So arbeiten Sie mit „Anstöße Politik"

So funktioniert die Auftaktdoppelseite im Unterricht

In den letzten Jahren hat sich der Politikunterricht an den Berufskollegs in Nordrhein-Westfalen in der theoretischen Diskussion wie in den ministerialen Vorgaben deutlich in Richtung einer Kompetenzorientierung ausgerichtet. Mit dem neu bearbeiteten Buch **Anstöße Politik** bietet sich für Sie die Möglichkeit, Ihren Unterricht nach den neuesten didaktischen Vorgaben zu planen und durchzuführen.
Anstöße Politik liefert Ihnen dazu auf den **Auftaktdoppelseiten** aller acht Buchkapitel über die Situationen aus der Berufs- und Alltagswelt Anregungen für einen prozessorientierten Unterricht. Dieser didaktische Zugriff stellt den Lernprozess der Schülerinnen und Schüler sowie die Selbstorganisation des Lernprozesses durch die Lernenden in den Mittelpunkt der Unterrichtsplanung. Alle situativen Kontexte orientieren sich dabei an den von den neuen Bildungsplänen in Nordrhein-Westfalen vorgegebenen Anforderungssituationen (1–8). Im Fokus sind daher stets die Kompetenzen, die die Schülerinnen und Schüler in der Auseinandersetzung mit dem Gegenstandsbereich – d.h. im Buch mit dem Durchgang durch das jeweilige Kapitel – anlegen, erweitern oder vertiefen sollen.
Mit der **Auftaktdoppelseite** kann in motivierender Weise in eine Unterrichtsreihe eingestiegen werden, indem im Idealfall mit den und durch die Lernenden die Handlungsziele sowie die Handlungsschritte selbst festgelegt und überprüft werden. **Die Auftaktdoppelseite** lädt ein, Herausforderungen und Problemlagen gesellschaftlicher und politischer Art genauer unter die Lupe zu nehmen. Die **Situation** orientiert sich dabei an den Kerninhalten des jeweiligen Kapitels. Für die acht Kapitel des vorliegenden Buches gibt es folgende thematische Schwerpunkte für die **Auftaktdoppelseiten**:

Kapitel	Situation
Soziales Handeln in Familie, Schule und Betrieb	Was haben das Geschlecht und die Herkunft mit der Berufswahl zu tun?
Orientierung in einer sich wandelnden Berufswelt	Jung trifft Alt – Berufsbiografien gestern und heute
Bürgerinnen und Bürger in der Demokratie	Mehr Demokratie durch E-Partizipation?
Soziale Gerechtigkeit und gesellschaftliche Ungleichheit	Viel Arbeit, wenig Einkommen – ist das gerecht?
Global vernetzt	Digitales Fasten: „Ich bin dann mal off!"
Nachhaltigkeit als Aufgabe	Kann man global denken und lokal handeln?
Europas Weg in die Zukunft	Europaassistent – Eine Zusatzqualifikation während der Ausbildung
Herausforderungen in der globalisierten Welt	Der lebensgefährliche Weg in die „Festung Europa"

Konstruktionsprinzipien der Situationen

Auf der jeweils linken Hälfte der Auftaktdoppelseite finden Sie ein Arrangement von Materialien, das einen situativen Kontext zum Einstieg in eine Unterrichtsreihe darstellt. Die Konstruktion der Situationen der Auftaktdoppelseiten entspricht dabei durchgängig den folgenden Kriterien. Die Situationen sind
- **realistisch**, d.h. sie haben einen für die Schülerinnen und Schüler erkennbaren und nachvollziehbaren beruflichen, gesellschaftlichen oder privaten Bezug,
- **komplex**, d.h. sie bestehen nicht nur aus einem überschaubaren Problem oder Fall, sondern bieten eine umfassendere Lernherausforderung an,
- **multiperspektivisch**, d.h. sie sprechen mehrere Blickwinkel auf die Lernherausforderungen an und lassen diese zu,
- **kognitiv, affektiv und/oder voluntativ anschlussfähig**, d.h. sie bieten den Schülerinnen und Schülern auf den Ebenen des Denkens, Empfindens und Wollens Anknüpfungspunkte,

- **handlungsmotivierend**, d.h. sie beinhalten einen Handlungsimpuls und bieten den Schülerinnen und Schülern mehrere Handlungsoptionen an. Handlung wird hierbei in einem umfassenden Sinn verstanden, z.B. kann auch eine Entscheidung oder bewusste Unterlassung eine Handlung darstellen.

Im Durchgang von **Anstöße Politik** werden die situativen Kontexte vom ersten bis zum achten Kapitel komplexer in ihrer inhaltlichen Dichte sowie abstrakter in der Darbietung der Materialien. Hier soll sich zum einen die Progression der Kompetenzentwicklungen der Lernenden abbilden. Zum anderen werden die Schülerinnen und Schüler im Laufe der Arbeit mit **Anstöße Politik**, mit diesen Zugängen zunehmend vertrauter.
Die **Situationen** sind Anregungen für Ihren Unterricht. Die Lernvoraussetzungen jeder Gruppe sind unterschiedlich und die möglichen beruflichen Kontexte aller drei Berufsfelder (Wirtschaft und Verwaltung, Technik sowie Erziehung und Soziales) vielfältig. So verstehen sich die **Situationen** als Ideengeber und Material, mit dessen Hilfe Sie kreativ arbeiten können.

Unterrichtliche Arbeit mit den prozessorientierten Seiten

Auf der jeweils rechten Hälfte der Auftaktdoppelseite befinden sich unter der Überschrift **Den Lernprozess organisieren** Anregungen für Ihre Arbeit mit den Situationen. Diese haben Impulscharakter, d.h. sie deuten eine Struktur und Richtung der unterrichtlichen Arbeit an. Sie möchten zugleich aber eine gewisse Offenheit für den Lernprozess halten und erheben daher in nicht den Anspruch auf Vollständigkeit.
Zunächst werden Impulse und Fragen zur **Analyse der Situation** angeboten (leitende Fragestellung: Wozu sollen die Schülerinnen und Schüler sich mit den folgenden Gegenständen auseinandersetzen?). Hier finden sich je nach Situation bereits auch Anregungen für ein mögliches Handlungsprodukt einer Unterrichtsreihe und für denkbare Handlungsschritte zur Bewältigung der Lernherausforderung. Unter der Rubrik **Aktiv sein** sind alternative Zugriffe, alternative Methoden oder alternative Handlungsprodukte zur Thematik der Situation angeführt. Am Ende dieser eröffnenden Unterrichtsphase sollten die Schülerinnen und Schüler sich Klarheit darüber verschafft haben, was sie zum Schluss der Unterrichtsreihe erreicht haben wollen, welche Kompetenzbereiche angelegt, erweitert oder vertieft werden.
Mit Blick auf die gemeinsame Planung der Handlungsschritte zur Bewältigung der Lernherausforderung bietet der Abschnitt **Erarbeiten, Informieren, Organisieren** den Schülerinnen und Schülern eine schlagwortartige Übersicht über die im Buch bereitgestellten Kapitelinhalte (leitende Fragestellung: Welche Inhalte können zur Bewältigung der Lernherausforderung notwendig und hilfreich sein?). In einigen Fällen wird dazu auch auf andere Buchinhalte oder Recherchemöglichkeiten verwiesen. Am Ende dieser Unterrichtsphase sollten unter den Schülerinnen und Schülern einer Lerngruppe Absprachen darüber bestehen, nach welchem Handlungsplan und in welchen Arbeitsschritten die Lernherausforderung angegangen wird.
Die abschließende Rubrik **Angestrebter Kompetenzerwerb** schafft zum einen ein hohes Maß an Zieltransparenz für die Schülerinnen und Schüler. Die Ausgestaltung dieser Rubrik lehnt sich hier eng an die Vorgaben der neuen Bildungspläne für das Fach Politik im Berufskolleg an. Zum anderen kann die Rubrik auch ein Element zur Evaluation des Lernprozesses sein. Den Schülerinnen und Schülern ist es möglich, anhand der Formulierungen selbst zu überprüfen, welche Kompetenzen sie im Laufe des Unterrichts in welchem Maße erreicht haben. **Anstöße Politik** bietet hier Ansatzpunkte für eine abschließende Reflexionsphase des Unterrichts. In der rückblickenden Betrachtung des Lernprozesses erhalten die Schülerinnen und Schüler die Gelegenheit, sich die Stärken und Schwächen des Prozesses sowie den eigenen Lernfortschritt zu verdeutlichen.

So funktioniert der Lehrerband

Das Lehrerband unterstützt Sie bei der Unterrichtsvorbereitung in vielfältiger Form:
Zu Beginn der Arbeit mit einem Kapitel können Ihnen die Hinweise zur **Didaktischen Intention und dem roten Faden** des Kapitels helfen. Diese leiten im Lehrerhandbuch jedes Kapitel des Schülerbandes ein und erklären in kurzen Worten die Überlegungen des jeweiligen Kapitelautors zum Aufbau des Kapitels. Hier finden Sie Ideen und Anregungen für einen Zugriff auf die Thematik. Die **Hinweise zum Einstieg** geben Ihnen unterrichtspraktische Anregungen zum Einstieg in das jeweilige Kapitel.
Den größten Raum des Lehrerbandes nehmen die **Erwartungshorizonte zu den Arbeitsvorschlägen** des Schülerbandes ein. Sie erleichtern Ihnen in der konkreten Unterrichtsvorbereitung die inhaltliche Erfassung der im Schülerbuch bereitgestellten Materialen. Sie ebnen zudem den Weg für eine mögliche thematische Schwerpunktsetzung in Ihrem Unterricht.
Hinter den im Lehrerband angeführten **Online-Codes** 🌐 finden Sie zusätzliche Materialien. Geben Sie den Code (Beispiel: 6ck3ac) einfach in das Suchfeld auf **www.klett.de** ein.
Diese Anstöße-Codes enthalten Hinweise zu weiterführenden Themen, Kopiervorlagen und für jedes Kapitel Vorschläge für eine Leistungsüberprüfung in Form eines Tests oder einer Klassenarbeit. Die Vorschläge für eine Leistungsüberprüfung orientieren sich an den jeweiligen Inhalten und Fragestellungen eines Kapitels. Sie sind zudem in Form von Bausteinen aufgebaut, die die Anforderungsbereiche I bis III abbilden. So werden Sie in die Lage versetzt, an Ihre jeweilige Lerngruppe und den von Ihnen durchgeführten Unterricht angepasst eine schriftliche Leistungsüberprüfung in Form eines Tests oder einer Klassenarbeit zu konzipieren.

S. 8–29

Kapitel 1

Soziales Handeln in Familie, Schule und Betrieb

Leistungskontrolle
Bausteine zur Leistungsüberprüfung
rr8qd6

Didaktische Intention und roter Faden durch das Kapitel

Das erste Kapitel „Soziales Handeln in Familie, Schule und Betrieb" ermöglicht es insbesondere den Strukturwandel der Familie in den Mittelpunkt der Betrachtung zu stellen und davon ausgehend die wirtschaftlichen, politischen, gesellschaftlichen und betrieblichen Gegebenheiten im 21. Jahrhundert zu analysieren, zu deuten und zu bewerten. Zentrale Aspekte dabei sind die Herausbildung und der Wandel der Geschlechterrollen im Zusammenhang mit den Fragen:

- Wie definiere ich mich heute als Jugendlicher?
- Was macht meine Individualität aus?
- Wie gehe ich mit gegensätzlichen Positionen um?
- Wo passe ich mich vorgegebenen familiären und/oder gesellschaftlichen Strukturen an und wo habe ich die Chance, meinen eigenen Weg zu gehen?

Die Materialien folgen überwiegend dem Prinzip der Kontroversität, da der Unterricht im Fach Politik/Gesellschaftslehre keine abschließenden und fertigen Antworten geben darf und will. Alle Materialien sollen zur Auseinandersetzung mit zentralen Fragestellungen provozieren und die Schülerinnen und Schüler in Kenntnis unterschiedlicher, auch gegensätzlicher Positionen befähigen, ihre eigene Sicht zum Thema zu finden und diese angemessen zu begründen. Die Unsicherheit der Jugendlichen bei ihrer Rollenfindung findet also ihre Entsprechung in der Tatsache, dass der Unterricht keine festen Weltbilder, keine endgültigen Wahrheiten anbietet, sondern „Anstöße" liefern möchte, die eigene Sichtweise zu reflektieren und dadurch einen eigenen Standpunkt zu finden.

Hinweise zum Einstieg

Ausgehend von der aufgeworfenen Einstiegsfrage nach dem Einfluss von Herkunft und Geschlecht auf die Berufswahl nimmt die Auftaktdoppelseite generell die Frage in den Blick, welche Faktoren dem Individuum auf seinem Lebensweg mitgegeben werden, und welche es selbst beeinflussen und gestalten kann. Dabei wird die Frage gestellt, was das Geschlecht, aber auch die Herkunft mit der Berufswahl zu tun haben. Die Fragen, die als kleines Quiz die Stunde einleiten können, regen ebenso zur Diskussion an wie die beiden Fotos mit den provozierenden Bildunterschriften.

Die entworfenen Lebensläufe der beiden Jugendlichen spitzen die Frage unter Einbezug der unterschiedlichen Materialien des Kapitels noch einmal zu. Das fiktive Gespräch könnte Anlass sein zu reflektieren, welche Chancen und Möglichkeiten sich in der heutigen Zeit für die Schülerinnen und Schüler bieten. Dies vor allem im Hinblick darauf, dass Mädchen heute nicht mehr nur die traditionellen Berufe erlernen müssen, sich der Familienbegriff im Wandel befindet und dass für die eigene Familien- und Karriereplanung viele Faktoren eine Rolle spielen.

Typisch Mann, typisch Frau

S. 10/11

Geschlechterrollen und Arbeitsteilung

Lösungshinweise zu den Arbeitsvorschlägen

AV1

- Arbeits- und Lebensbereiche der Frau: u.a. Büroarbeit (Laptop), Bildung (Kant-Buch), Umgang mit elektronischen Medien (Smartphone), Erotik (BH), Kochen (Topf), Heimwerken (Bohrmaschine)
- Arbeits- und Lebensbereiche des Mannes: u.a. Sport (Hantel, Boxhandschuhe), Arbeit im Haushalt (Staubsauger), Büroarbeit (Aktenkoffer), Erotik (Leopardenslip), Kleidung und Accessoires (Krawatte, Uhr), Geschenke für die Frau: Rolle als Gentleman (Blumenstrauß), Familienleben, Finanzen (Geldscheinbündel)

Insgesamt entstammen sowohl die Attribute für die Frau als auch die des Mannes den gleichen Lebensbereichen. Die jeweilige Art des Gegenstandes bedient dabei neben typischen Klischees ebenfalls manche überraschende Zuordnung. Dies offenbart die gegenwärtigen Geschlechterrollen, insbesondere auf die berufliche Tätigkeit und die Rolle in der Familie bezogen, die nicht durchweg eindeutig zugeschrieben werden können. Aufgrund dessen und wegen der Bedeutung des Themas und weil jeder Leser/jede Leserin eine eigene individuelle Ausgabe zur Hand haben kann, liegen zwei verschiedene Spiegel-Titel vor.

Kopiervorlage
„Geschlechterrollen und Berufswahl"
w8yc2b

AV2

Eine Liste könnte so aussehen:

	Frauen	Männer
Status	Niedrig	Mittel bis hoch
Gehalt/ Einkommen	Unterer Einkommensbereich	Eher mittlerer Einkommensbereich
Bildungsabschluss	Mittlerer Bildungsabschluss, Hauptschulabschluss	Mittlerer Bildungsabschluss, Abitur
Bekanntheit	Hoch	Hoch
Sicherheit	Hoch, eher psychisch anstrengend	Risikoreich, körperlich anstrengend
Bereich	Soziales, Versorgung und Pflege, Textiles, Verkaufen	Technik, Bergbau, Landbau, Sicherheit
Sektor	Dritter Sektor (Dienstleistung)	Erster und Zweiter Sektor
Hilfreiche Kompetenzen	Kommunikationsfähigkeit, Geduld, Verständnis, Empathie, Neugier auf Überraschungen	Körperliche Fitness, Stressresistenz, Selbstverantwortung, Selbstorganisation, technisches Verständnis, Neugier, Interesse an Neuem

Wie sieht nun ein typischer Frauen- und Männerberuf aus? Die Fantasie der Schülerinnen und Schüler ist sicher größer als unsere, daher nur einige kleine Ideen: Liebesbriefghostwriterin, Erfinder, Orchideenflüsterin, Raumschiff-Reparateur, Beschwerde-Annehmerin und Rettungsbootwart auf Kreuzfahrtschiffen …

AV3

Insgesamt dürfte zu erwarten sein, dass zum einen noch die traditionelle Rollenverteilung (Frau: Hausfrau und Mutter, Mann: Versorger der Familie durch berufliche Tätigkeit) vorhanden sein wird, aber auch zum anderen beide Elternteile berufstätig sind. Zudem ist die jeweils vorhandene Familienform zu beachten, bei Alleinerziehenden dürfte das jeweilige Elternteil beispielsweise für die Hausarbeit verantwortlich sein. Eine gerechte Verteilung der häuslichen Tätigkeiten setzt zunächst das Ablegen traditioneller Rollenbilder voraus sowie die Bereitschaft aller, also auch der Kinder, dabei mitzuhelfen.

AV 4

Aufgrund des Vorhandenseins der vielen verschiedenen Jugendkulturen, die sich zum Teil grundlegend hinsichtlich Kleidungsstil, Musikrichtung, Lebensstil und (politischer) Einstellung unterscheiden, ist eine Pauschalisierung der Jugend heutzutage nicht mehr möglich. Gründe für diese Ausdifferenzierung bilden die Medialisierung, Individualisierung und Kommerzialisierung der Gesellschaft.
Fachlich gesehen gilt es hier auch zwischen den Begriffen „Jugendkultur" und „Jugendszene" zu differenzieren, die in der Forschung zum Teil jedoch auch synonymisch verwendet werden. Die gesamte Jugend bildet demnach eine Jugendkultur, die einzelnen Gruppierungen innerhalb dieser Kultur bilden die verschiedenen Jugendszenen.

AV5

Individuelle Lösungen der Schülerinnen und Schüler
Hinweis: Einzelne Zuordnungen sollten sich jedoch anhand der aufgeworfenen Kategorisierungen orientieren.

Der Familienbegriff im Wandel

S. 12–15

Wie sieht Familie heute aus?

Lösungshinweise zu den Arbeitsvorschlägen

AV 1
Individuelle Lösungen der Schülerinnen und Schüler

AV 2

Ursachen des familiären Strukturwandels

- Erhalt von Wahlmöglichkeiten, d. h. Kinder behindern die Selbstverwirklichung.
- Verengte Paarbeziehungen, d. h. eine glückliche Beziehung benötigt keine Kinder mehr.
- Akzeptanz von Kinderlosigkeit, d. h. die Gesellschaft sieht kinderlose Paare nicht mehr als unvollkommen an.
- Gestiegene Erziehungsansprüche, d. h. viele Paare fühlen sich den Ansprüchen der Elternrolle nicht gewachsen.
- Zukunftsängste, d. h. man verzichtet bei einer beruflich unsicheren Zukunft auf den „Kostenfaktor“ Kind.
- Mehr Familienplanungsmöglichkeiten, d. h. ungewollte Schwangerschaften sind eher die Ausnahme.

AV 3
Durch Erziehung bewirken die Eltern, dass ihre Kinder sich gesellschaftskonform verhalten und keine hohen Zusatzkosten für ihre Resozialisierung verursacht werden. Auch entwickeln sich durch Erziehung Persönlichkeiten, die den Wohlstand der Gesellschaft durch Fleiß und Ehrgeiz in der Arbeitswelt mehren.

AV 4
Individuelle Lösungen der Schülerinnen und Schüler
Hinweis: Sie können im Internet die Grundsatzprogramme der Parteien aufrufen und recherchieren.

AV 5
In der Karikatur „Schicksal einer Alleinerziehenden“ von Gerhard Mester erkennt man eine Mutter mit zwei Kindern an einem eingedeckten Tisch sitzend. Die Mutter stützt ihren Kopf auf den rechten Handballen und hat den linken Ellenbogen auf dem Tisch. Sie trägt eine Kochschürze und hat viele Falten im Gesicht. In der Sprechblase von ihr steht: „... ohne Euch wäre ich längst Filialleiterin einer großen Bank ... ich hätte eine Eigentumswohnung am Stadtrand ... zweimal im Jahr Hawaii oder Florida ... und jede Menge Verehrer!! ...“. Die Karikatur zeigt auf, dass es Alleinerziehende schwer haben, die Karriereleiter aufzusteigen, da sie sich in der Regel um ihre Kinder selbst kümmern müssen und keine anderen staatlichen Hilfen beanspruchen können. Zudem wird angesprochen, dass man als alleinerziehende Frau nicht mehr attraktiv ist für andere „Verehrer“, denn Kinder bedeuten in der Regel mehr Arbeit, Sorgen und weniger Geld.

Kopiervorlage
„Gefrorene Zeit“
es88nd

AV 6
Individuelle Lösungen der Schülerinnen und Schüler

S. 16–19

Vertiefung: Lebensbäume im Wandel der Zeit

Welche Auswirkungen hat der Bevölkerungsrückgang?

Lösungshinweise zu den Arbeitsvorschlägen

AV 1

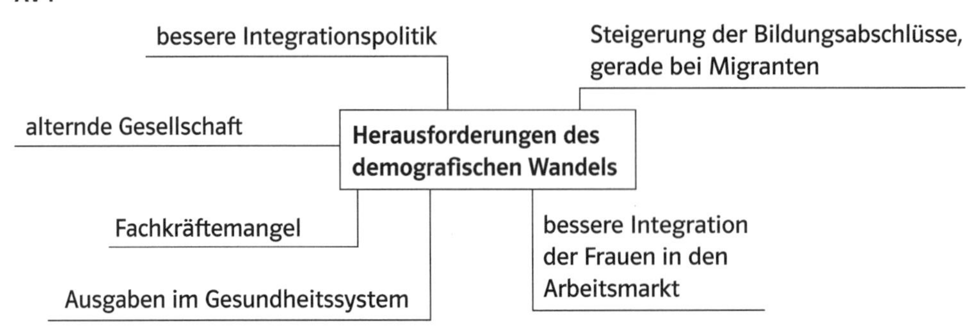

Kopiervorlage „Demografischer Wandel in Deutschland" 9i2qk9

AV 2a

Die beiden Lebensbäume des Statistischen Bundesamts von 2003 zeigen den Altersaufbau der Bevölkerung in Deutschland für 1910 und 1950. Beide Grafiken zeigen auf der y-Achse das Alter in Jahren an und auf der geteilten x-Achse die Anzahl der Personen in Millionen. Auf der rechten Seite sind die Frauen und auf der linken Seite die Männer dargestellt.
Der Lebensbaum von 1910 hat eine Pyramidenform, welche daraus resultiert, dass es mehr jüngere als ältere Menschen gibt.
Für 1950 ist zu erkennen, dass sich die Form verändert hat. Die neue Zwiebelform weist größere Einkerbungen bei den 5- und 35-Jährigen auf. Die größte Altersgruppe sind nicht mehr die Neugeborenen, sondern die Altersgruppe der 10- bis 15-Jährigen. Auch die Altersgruppe der 50-Jährigen hat sich deutlich vergrößert. Außerdem ist zu erkennen, dass es einen Frauenüberschuss bei den über 40-Jährigen gibt.

AV 2b

Die Frauen und Männer, die 1950 fünf und 35 Jahre alt waren, sind 1945 und 1915 geboren. Der geringe Anteil der Frauen und Männer dieser Altersgruppen ist also mit dem Ersten (1914–1918) und Zweiten Weltkrieg (1936–1945) zu erklären. Im Krieg sind viele Menschen gestorben und kaum jemand konnte oder wollte unter den Gegebenheiten des Krieges, Kinder bekommen und aufziehen.

AV 3

Die Karikatur von Horst Haitzinger „Wohin steuert Deutschland?", vom 04.08.2011, trägt die Bildunterschrift „Deutschland schafft sich ab". Zu sehen ist im Bildhintergrund eine Frau mit einem Kinderwagen, in dem ein Hund sitzt. Die Frau hält dem Hund einen Knochen hin und lächelt. Der Hund macht „Männchen". Im Bildmittelgrund sieht man ein Gebäude und zwei Männer. Einer sitzt auf einer Leiter und hält mit der linken Hand ein Schild mit der Aufschrift „Altersheim" fest. Das Schild ist mit drei Schrauben befestigt. In der rechten Hand, die er dem zweiten Mann entgegenstreckt, hält er einen Schraubendreher. Der Mann auf der Leiter trägt eine Mütze, Hose und Hosenträger. Er hält etwas im Mund. Der zweite Mann hält in der linken Hand einen Werkzeugkoffer und in der ausgestreckten rechten Hand eine Schraube. Im Bildvordergrund sieht man einen Anhänger, welcher mit Spielzeug und Unrat sowie einem alten Schild mit der Aufschrift „Kindergarten" beladen ist. Darüber ist noch ein Fenster mit einer Blume dargestellt. Kritisiert wird mit der Karikatur, dass in Deutschland statt Kindergärten immer neue Altersheime entstehen, dass es also immer weniger Kinder gibt, jedoch mehr Alte. Mütter, die früher Kinder bekamen, halten sich heute lieber ein Haustier, das weniger Arbeit und Betreuungsaufwand bedeutet.

AV 4

Die beiden Varianten der „Mittleren Bevölkerung" (30- bis 60-Jährige) unterscheiden sich in den Annahmen zur Zuwanderung. Die Untergrenze geht von einer Zuwanderung von 100 000 Menschen und die Obergrenze von 200 000 Menschen aus. Die anderen Annahmen zur Geburtenhäufigkeit und Lebenserwartung bleiben konstant. Die Auswirkungen auf die

Prognose für das Jahr 2060 sind nur bei den 20- bis unter 65-Jährigen festzustellen. Bei der Obergrenze erhöht sich der Anteil dieser Altersgruppe um 2%. Die anderen Altersgruppen bleiben nahezu unverändert.
Generell sind Prognosen kritisch zu betrachten, gerade bezüglich der Zuwanderung. Zahlreiche Faktoren können die Zuwanderung kurzfristig beeinflussen (z. B. Kriege, Krisen, restriktive oder liberale Zuwanderungspolitik).

AV 5
Die in M 5 genannten Problemfelder sind:
- Abnahme der Arbeitsleistung durch den demografischen Wandel,
- Ineffektivität und Kostenintensität des Föderalismus,
- lange Studienzeiten,
- fehlende Ganztagsbetreuung für Kinder,
- Qualifizierungsdefizit von Jugendlichen,
- schlechte Integrationspolitik,
- fehlende Diskussion um den Eigenwert von Kindern.

Die Positionen der Parteien müssen von den Schülerinnen und Schülern in einer eigenständigen Recherche erarbeitet werden.

S. 20/21

Familien- und Karriereplanung

Kinder und/oder Karriere?

Lösungshinweise zu den Arbeitsvorschlägen

AV 1a, b
Individuelle Lösungen der Schülerinnen und Schüler
Hinweis: Im Fokus steht, welche Probleme in einer Partnerschaft bei der Familien- und Karriereplanung entstehen könnten und welche Lösungen denkbar sind.

AV 2
Zu wenig Betreuungsangebote in Kinderkrippen und -gärten verschlechtern die Vereinbarkeit von Familie und Beruf. Hinzu kommt der gesellschaftliche Druck, als „Rabenmutter" betitelt zu werden, wenn man als Frau zu früh wieder in den Beruf einsteigt und nicht als Mutter für das Kind da ist. Haben Frauen länger mit dem Beruf ausgesetzt, dann ist der Wissens- und Erfahrungsrückstand zu anderen so stark, dass der Wiedereinstieg erschwert wird.

AV 3
Die Unternehmen sind zunehmend gefordert, Müttern und Vätern die Vereinbarkeit von Kind und Beruf zu ermöglichen. Wer gut qualifizierte Arbeitskräfte haben möchte, muss diesen Menschen auch Angebote machen, wie zum Beispiel Teilzeitmodelle oder auch die Möglichkeit, das Kind in einem Betriebskindergarten unterzubringen. Je weniger in dieser Hinsicht getan wird, desto weniger Frauen und Männer entscheiden sich für ein Kind und es werden noch weniger Kinder geboren. Insofern haben auch die Unternehmen eine Verantwortung, dass Kinderkriegen attraktiver wird.

AV 4
Die Karikatur „Neue Rollenaufteilung" von Thomas Plaßmann zeigt einen gelb gestrichenen Raum mit Fenster und einem Hampelmann an der Wand. In diesem Raum befindet sich ein Vater, der seinen Sohn in beiden Händen hält. Der Mann guckt glücklich und in einer Sprechblase ist zu lesen: „Und weißt du was!! Der Papa macht Erziehungsurlaub!" Das Kind ist mit hängenden Mundwinkeln dargestellt und in seiner Gedankenblase steht: „Weichei!" Die Bildunterschrift lautet: „… weiter, weiter Weg …"
Bezogen auf M 2 kann man die Karikatur dahingehend interpretieren, dass die familienpolitische Maßnahme der Elternzeit, die hier vom Vater in Anspruch genommen wird, nur für die Mutter gesellschaftlich akzeptiert ist. Das Kind denkt sich, dass sein Vater ein „Weichei" sei, da er die Mutterrolle während der Elternzeit und nicht wie im klassischen Familienbild die Rolle des Ernährers übernimmt.
Aus M 3 könnte man ableiten, dass es nicht durch die familienpolitische Maßnahme zu Problemen kommt, sondern durch die Umsetzung. Generell existieren zahlreiche Modelle, um die Arbeitszeiten flexibler zu gestalten, allerdings scheint die Umsetzung nur bedingt realisierbar zu sein. M 4 wiederum zeigt, dass die Geburt des ersten Kindes umso später erfolgt, je höher der Bildungsabschluss der Mutter ist. Somit ist die Zeitspanne der Mütter mit einem hohen Bildungsabschluss verkürzt, um Kinder zu gebären, die der Reproduktionsrate von durchschnittlich 2,1 Kindern pro Paar entspricht.

AV 5
- Elternzeit: Die Schülerinnen und Schüler können bei ihren Ausführungen Bezug auf die Ergebnisse aus AV 4 nehmen. Ein mögliches Ergebnis wäre, dass die Elternzeit generell eine gute Maßnahme ist, die Umsetzung allerdings, gerade bei den Vätern, oft schwierig ist.
- Kindergeld: Die Schülerinnen und Schüler können zu dem Ergebnis kommen, dass eine finanzielle Förderung durch das Kindergeld nicht die dringendsten Probleme angeht, die eine höhere Geburtenrate verhindern. Eine bessere Vereinbarkeit von Beruf und Familie wäre finanziell eher von Vorteil als die Zuwendungen durch das Kindergeld.

AV 6
Individuelle Lösungen der Schülerinnen und Schüler
Hinweis: Es sollten sowohl die Perspektiven der Arbeitnehmer als auch der Arbeitgeber in den Blick genommen werden.

Leben in Gruppen

S. 22–25

Familiäre, schulische und berufliche Sozialisation

Lösungshinweise zu den Arbeitsvorschlägen

AV 1
Die Karikatur von Burkhardt Cziborra zeigt auf den ersten Eindruck stilisierte und überzeichnete Personen. Genaue Angaben fehlen. Das Thema der Karikatur ist „Schule", an dem der Aspekt der Chancengleichheit/Chancengerechtigkeit verdeutlich wird. Es ist ein Lehrer mit einer Schulklasse sehr unterschiedlich aussehender, vor allem unterschiedlich großer Individuen von sehr klein bis sehr groß dargestellt und von der Decke hängt, offensichtlich nur von einer Person zu erreichen, eine Glocke. Die Ansage des Lehrers, der auf die Glocke zeigt, lautet: „Gleiche Chancen für alle ..." Die Karikatur kritisiert die Tatsache, dass Schule (verkürzt gesagt) von sehr unterschiedlichen Menschen gleiche Leistungen erwartet, indem unter dem Postulat der Chancengleichheit, z. B. eine Aufgabe gestellt wird, die (aufgrund seiner Voraussetzungen) nur von einem aus der Klasse gelöst werden kann. Angeregt werden soll zum Nachdenken über Theorie und Praxis der Schule und evtl. Veränderungsnotwendigkeiten bzw. -möglichkeiten. Kritisiert werden könnte der übertreibende und verallgemeinernde Stil der Karikatur. Diskutiert werden könnte die Frage, ob das aufgeworfene Problem grundsätzlich überhaupt lösbar ist und ob es nicht bereits Schritte auf diesem Weg (individuelle Förderung, Inklusion, Beschreibung von Lernfortschritten statt Ziffernnoten etc.) gibt.

AV 2
Die Autorin des ZEIT-Artikels, Eva-Maria Schnurr, vertritt die These, dass auch heute noch – trotz aller gesellschaftlichen Veränderungen – der Einfluss der Herkunftsfamilie prägend für das ganze Leben ist („Die Familie ist eine Schablone, die die Konturen des späteren Lebens vorgibt". Z. 45 ff.) In ihrem Text nennt sie etliche Beispiele (Z. 26 ff., Z. 64 ff.), die diese These stützen.
Die Stellungnahmen der Schülerinnen und Schüler werden sich vermutlich auf die Frage beziehen, inwieweit eine individuelle Entwicklung gegen die Familie oder von der Familie weg möglich oder überhaupt gewollt ist. Auch dabei wird der individuelle biografische Hintergrund des Einzelnen eine große Rolle spielen. Entscheidend ist sicherlich, dass die Chance zur Infragestellung und Loslösung von tradierten Normen und (familialen) Rollenerwartungen heute ungleich größer ist als im 18.–19. Jahrhundert und auch noch vor 50 Jahren. Im Vorgriff auf die Auswertung von M 3 lässt sich prognostizieren, dass die Schülerinnen und Schüler eher die Frage problematisieren werden, warum denn überhaupt eine Lösung von der Herkunftsfamilie erfolgen sollte.

AV 3
Das Balkendiagramm zeigt ausgewählte Ergebnisse der sogenannten Shell-Jugendstudien zum Aspekt der Werteorientierung von Jugendlichen im Alter von 12 bis 25 Jahren aus den Jahren 2002 (graugrün) und 2010 (blaugrün). Die Darstellung der Ergebnisse erfolgt in Prozentangaben.
Die Auswertung ergibt kein einheitliches Bild. Grundsätzlich ist zwar festzuhalten, dass die Hierarchie der einzelnen Merkmale, was die Häufigkeit der Nennung anbelangt, unverändert geblieben ist. Allerdings hat sich einerseits die sehr hohe Bedeutung von Freundschaft und Familie zwischen 2002 und 2010 noch einmal verstärkt, auch Eigenverantwortung und Ehrgeiz kombiniert mit dem Anspruch auf Genuss sind häufiger genannt worden. Andererseits stieg 2010 gegenüber 2002 der prozentuale Anteil der Jugendlichen, die Merkmale wie „Unterstützung Bedürftiger" als wichtig nannten, und der Anspruch auf die Durchsetzung eigener Bedürfnisse schwächte sich (was die Anzahl der Nennungen anbelangt) zwischen 2002 und 2010 ab. „Die Jugend 2010" scheint es also zu schaffen, ganz unterschiedliche Bedürfnisse und Wertvorstellungen miteinander zu vereinbaren.
Kritisch anmerken ließe sich zur Statistik in M 3,
- dass die Fragestellungen und Aussagen, auf denen die Ergebnisse basieren, unbekannt bleiben,
- dass nicht klar wird, ob es sich tatsächlich um eine Rangfolge der Nennungen oder um ausgewählte Ergebnisse handelt und
- dass das Ergebnis der Interpretation in der Überschrift schon vorweggenommen wird.

AV 4

Schulische Sozialisation im Einzelnen beinhaltet nach Helbig fünf Funktionen:
- Zivilisations- und Disziplinierungsfunktion,
- Selbstbestimmungsfunktion,
- Selektions- oder Allokationsfunktion,
- Qualifikationsfunktion,
- Legitimationsfunktion.

Hier könnten die Schülerinnen und Schüler anknüpfen und auf die Kritik des Bildungsberichts in M 4 verweisen, der die Allokations- und vor allem die Legitimationsfunktion schulischer Sozialisation infrage stellt. Die Theorie der „Erziehung zur Mündigkeit", in M 6 karikiert, könnte im Kontext schulischer Praxis (Noten, Disziplinierung, Konkurrenz, Weiterbestehen schulischer Hierarchien) problematisiert werden. Auch wenn das Material genügend Ansätze zur Kritik der bestehenden Verhältnisse hergibt, so könnten doch Berichte über die schulischen Erfahrungen von Eltern und Großeltern und (auch von den Schülerinnen und Schülern leicht zu beschaffende) Dokumente zur Historie von Schule ein differenzierteres Bild ermöglichen.

AV 5

Weitere Beispiele für den „heimlichen Lehrplan", die von Schülerinnen und Schülern genannt und vorgestellt werden könnten:
- Kampf um bestimmte Rollen in der Lerngruppe und Verteilung von (Rang-)Positionen,
- Wen aus meiner Klasse lade ich warum zu meiner Party ein?
- Bevorzugung von Jungen oder Mädchen durch die Lehrkraft, obwohl die Schule als Institution größtmögliche Gerechtigkeit verbürgen muss.
- Ungewollte Benachteiligung bestimmter Schülerinnen und Schüler aufgrund ihrer Herkunft (→ Karikatur M 1).
- ...

AV 6

Berufliche Sozialisation in vorindustrieller Zeit (M 8)	Berufliche Sozialisation heute (M 9)
- „Ganzheitlichkeit" der Ausbildung durch die Integration in die Familie und das Familienleben des Meisters - Keine klare Trennung von beruflicher und privater Sphäre - Lernen durch Zusehen und Nachmachen - Absolute Unterordnung unter die Entscheidungsgewalt des Meisters - Ziele sind die Aufrechterhaltung und Weitergabe des Berufsstandes	- Flexibilität aufgrund einer sich rasch wandelnden Berufswelt - Gute Deutschkenntnisse - Grundkenntnisse in Englisch - Mathematische Kenntnisse - Grundkenntnisse in Naturwissenschaften - Kenntnisse über wirtschaftliche Zusammenhänge - Computerkenntnisse - Problembewusstsein in Bezug auf die Chancen und Risiken im Bereich NT - Kulturelle Grundkenntnisse - Zuverlässigkeit und Pflichtbewusstsein - „Soft Skills" wie Teamfähigkeit, Toleranz etc.

Der Vergleich der zu erwerbenden oder in der Berufsausbildung schon mitzubringenden Elemente und Kompetenzen zeigt, dass die berufliche Sozialisation heute weitaus differenzierter und breiter angelegt ist. Ging es in vorindustrieller Zeit mehr um das Nachahmen und das Einüben eines doch begrenzten Repertoires, so stehen heute von Beginn an Selbstständigkeit und die Übernahme von Verantwortung im Mittelpunkt. Sekundärtugenden wie Zuverlässigkeit und Pflichtbewusstsein und Gehorsam sind weiter von Bedeutung, stehen aber nicht mehr im Fokus.
Bei Interesse der Schülerinnen und Schüler könnte die Frage, ob die Form der Ausbildung heute generell besser ist, unter Einbezug literarischer/historischer Darstellungen der Lehrlingsausbildung vertiefend diskutiert werden.

AV 7

Der ideale Ausbildungsbetrieb (M 9):
- Ausbildung lt. Ausbildungsplan,
- Einhaltung der Bestimmungen des Ausbildungsvertrags,
- pünktliche Zahlung der Ausbildungsvergütung,
- Hilfestellung bei schwierigen Arbeiten,
- „offenes Ohr" und Geduld bei Fragen,
- interessante, anspruchsvolle und unterschiedliche Aufgaben,
- nicht nur die Interessen des Betriebes sehen, sondern – wenn möglich – auch Rücksicht auf private Interessen des Azubis nehmen,
- gutes Betriebsklima mit Kollegialität und Teamgeist,
- eingehen auf Urlaubswünsche und Urlaubspläne,
- respektieren der Privatsphäre des Azubis.

AV 8

Individuelle Lösungen der Schülerinnen und Schüler
Hinweise: Es ist zu erwarten, dass der Blick auf partnerschaftliches Verhalten, was das Zusammenleben anbelangt, durchaus unterschiedlich ausfallen wird. Zwar erzeugt der Eheratgeber aus den 1950er-Jahren wahrscheinlich zunächst durchaus Befremden und Heiterkeit, jedoch weisen empirische Untersuchungen seit Jahren nach, dass z. B. der Anspruch auf partnerschaftliche Verteilung der Hausarbeit bei berufstätigen Partnern bisher eher Theorie geblieben ist.

S. 26/27

Zusammen leben und arbeiten

Wie erreichen wir, dass niemand ausgeschlossen wird?

Lösungshinweise zu den Arbeitsvorschlägen

AV 1
„Die Gelbe Hand" bringt gestisch schon deutlich eine Abwehrhaltung gegenüber rechtem politischem Extremismus zum Ausdruck. Zudem zeigen die Farben Gelb der Handfläche und Rot des Schriftzugs „Mach meinen Kumpel nicht an!" Signalwirkung. Letzterer bringt auch eine gewisse Dynamik zum Ausdruck.

AV 2
Weitere Freiheitsrechte, die noch ergänzt werden könnten, wären zum Beispiel die Freizügigkeit, also die Möglichkeit der freien Wahl des Aufenthalts, das Recht an Eigentum bzw. weitere hauptsächlich juristische Dimensionen, wie zum Beispiel die Gleichheit aller vor dem Gesetz.
Ein Vergleich mit der vollständigen „Erklärung der Menschenrechte" und die anschließende Diskussion dürften ergeben, dass viele Rechte uns in Deutschland als Selbstverständlichkeit erscheinen, da sie zunächst gar nicht aufgelistet worden sind.

AV 3
Individuelle Lösungen der Schülerinnen und Schüler
Hinweis: Hauptsächlich werden sie versuchen, die komplizierten Sachverhalte in kurzen Sätzen auszudrücken. Dabei wird es schwierig sein, im Sinne der leichten Sprache Fremdwörter und Nominalisierungen zu vermeiden. Auch eine kindliche Ausdrucksweise, die eben nicht vorkommen sollte, ist zu erwarten.
Als mögliche Auswirkungen auf den Unterricht könnten die Unterforderung einiger als auch das unbedingte Vorhandensein des Verständnisses vieler genannt werden. Eventuell werden auch die Herausforderungen an die Lehrkräfte thematisiert, die sehr individuell auf jeden eingehen müssen.

AV 4
Individuelle Lösungen der Schülerinnen und Schüler
Hinweis: Da die Schülerinnen und Schüler mit Sicherheit schon innerhalb und außerhalb der Schule mit dem Thema des rechten politischen Extremismus in Berührung gekommen sind, ist zu erwarten, dass eine weitere inhaltliche Auseinandersetzung angestrebt wird, vielleicht auch unter Einbezug außerschulischer Lernorte. Allerdings werden sich auch organisatorische Hindernisse zeigen. Insbesondere in Berufsschulklassen bleibt wenig Zeit, sich im Unterricht dezidiert sich mit einem Thema im Rahmen eines Wettbewerbes auseinanderzusetzten. Zudem mögen manche auch nicht den Bezug zu ihrer Berufsausbildung sehen.

Demokratie im Betrieb

S. 28/29

Wer darf mitreden und mitbestimmen?

Lösungshinweise zu den Arbeitsvorschlägen

AV 1
Individuelle Lösungen der Schülerinnen und Schüler

AV 2

Betriebsrat	Arbeitnehmer	Unternehmensleitung
Der Betriebsrat vertritt die Belange, Wünsche und Rechte der Arbeitnehmer im Betrieb: - Mitbestimmungs- und Mitwirkungsrechte in sozialen (z. B. Arbeitszeit, Entgeltgestaltung, Urlaubspläne, Sozialplan) und personellen Angelegenheiten (z. B. Kündigungen, Personalplanung, betriebliche Berufsbildung) - Beratungs- und Informationsrechte (z. B. Information über die wirtschaftliche Lage des Unternehmens, über Rationalisierungsmaßnahmen)	Arbeitnehmer wählen den Betriebsrat, der ihre Rechte, Wünsche und Belange (→ Aufgaben des Betriebsrates) gegenüber der Unternehmensleitung vertritt.	Die Unternehmensleitung vertritt die Interessen der Eigentümer: Kosten niedrig halten, hohe Arbeitseffektivität, hierzu: betrieblicher Frieden, Arbeitszufriedenheit.

AV 3
Zwei Drittel der Manager deutscher Unternehmen messen dem Betriebsrat einen hohen Wert zu: Er sei förderlich für das Betriebsklima und wichtig wie eine betriebliche Führungskraft. Die Hälfte dieser Manager sieht in ihm zudem einen wichtigen Produktionsfaktor. Durch die Kooperation mit dem Betriebsrat und „konstruktiven Streit" lassen sich richtige Wege finden und bessere Ergebnisse erzielen (→ Spalte 3 in AV 2).

AV 4
Individuelle Lösungen der Schülerinnen und Schüler
Hinweise: Je größer ein Unternehmen, desto häufiger findet man dort einen Betriebsrat. Das hat zunächst organisatorische Gründe. Ein kleiner Handwerksbetrieb oder ein mittelständisches Unternehmen hat meistens keine großen Probleme, die gesamte Belegschaft in die Entscheidungsprozesse einzubinden. Die Kommunikationswege zwischen dem Chef und seinen Angestellten sind für gewöhnlich „kurz". Man kennt sich, arbeitet womöglich zusammen und so können viele Angelegenheiten schnell erledigt werden. Je größer ein Unternehmen umso „länger" werden diese Wege. Eine Befragung der gesamten Belegschaft könnte die Unternehmensprozesse behindern, außerdem blieben die Arbeitnehmer ohne Betriebsrat gegenüber der Unternehmensleitung in einer gewissen Anonymität, die einen konstruktiven Interessenaustausch unmöglich macht.
An dieser Stelle wird auch ein anderer Grund deutlich, warum große Unternehmen häufig Betriebsräte besitzen. Die Rolle eines einzelnen Arbeitnehmers hat in einem großen Betrieb nicht so viel Gewicht, wie in einer kleinen Firma. Er ist, salopp gesagt, leicht zu ersetzen. Deshalb organisieren sich die Belegschaften großer Betriebe, um ihre Interessen besser gegenüber der Unternehmensleitung zu vertreten.
Es bleibt noch die Frage, warum dann nicht alle großen Unternehmen über einen Betriebsrat verfügen. Das kann verschiedene Gründe haben. Nicht auszuschließen ist aber, dass Unternehmensleitungen durch geschickte Führungsstrategien die Gründung eines Betriebsrates verhindern, mit der Begründung, durch die Mitbestimmungsmöglichkeiten der Belegschaft würden sie im internationalen Vergleich zunehmend unter Druck geraten.

S. 30–57

Kapitel 2

Orientierung in einer sich wandelnden Berufswelt

Leistungskontrolle
Bausteine zur Leistungsüberprüfung
q2n3nk

Didaktische Intention und roter Faden durch das Kapitel

Dem Phänomen der Wandlungsprozesse in den beruflichen Anforderungen unserer Wirtschaft und Gesellschaft kann man sich auf verschiedensten Weisen nähern. Für das zweite Kapitel von **Anstöße Politik** haben sich die Autorinnen und Autoren für einen biografisch orientierten Zugang zu dieser Thematik entschieden. Die Schülerinnen und Schüler befinden sich entweder in der ersten Phase ihrer beruflichen Ausbildung oder in einer schulischen Ausbildungssituation mit einer klaren beruflichen Ausrichtung. Mit der Berufswelt eröffnet sich den Heranwachsenden ein neuer Erfahrungsraum, den es mit Blick auf einen tragfähigen Orientierungsrahmen kognitiv und affektiv zu durchdringen gilt. Eigene sowie fremde Erwartungen, Voreinstellungen und Wünsche für die persönliche Lebensplanung werden diese Phase ebenso prägen, wie die Erfahrung, dass es viele wirtschaftliche, technologische und gesellschaftliche Einflüsse auf die Berufswelt gibt, die der Steuerung durch den Einzelnen entzogen sind.
Die Themendoppelseiten des zweiten Kapitels greifen beide Aspekte auf. Sie ermöglichen sowohl die eigenen und fremden Erwartungen an den Beruf (z. B. Auskommen mit dem Einkommen, Erwartungen der Arbeitgeber) als auch wirtschaftliche und technologische Einflüsse (z. B. Überall Innovation, Standortfaktoren ändern sich) zu reflektieren. Gesellschaftliche Faktoren werden vor allem unter dem Aspekt des demografischen Wandels thematisiert. Hier, wie auch in der Frage nach der Entwicklung zu einer Wissensgesellschaft, hält das Kapitel neben den obligatorischen Themenseiten auch Vertiefungsseiten bereit, mit denen Sie je nach Leistungsniveau, Bildungsstand oder Zeitumfang eines Bildungsgangs die unterrichtliche Arbeit differenzieren können.
Durch die Arbeit mit dem Kapitel erhalten die Schülerinnen und Schüler die Gelegenheit, sich Zusammenhänge zwischen Ausbildung und späterer beruflicher Beschäftigung zu erschließen. Sie können ihre persönliche Lebenssituation und weitere Lebensplanung mit Blick auf die beruflichen Perspektiven reflektieren.

Hinweise zum Einstieg

Dem biografisch orientierten Zugang zum Kapitel entsprechend, präsentiert die Auftaktdoppelseite die Situation „Jung trifft Alt – Berufsbiografien gestern und heute". Hier verschränkt sich der Rückblick auf ein abgeschlossenes Berufsleben mit den Ausblicken und Erwartungen in der Startphase des Berufslebens. Die Schülerinnen und Schüler sollen motiviert werden, aus der Analyse der Berufsbiografie des Rentners Wilfried, Rückschlüsse auf die eigene Berufsfindung zu ziehen sowie eigene und fremde Erwartungen an die Beruflichkeit und berufliche Entwicklung zu reflektieren. Das Bildmaterial der Auftaktseite öffnet den Zugang über die persönliche Begegnung eines Rentners mit Auszubildenden für eine gesamtgesellschaftliche Perspektive der Frage des Miteinanders verschiedener Generationen in der Arbeits- und Berufswelt. Als Handlungsprodukt der Unterrichtsreihe wird unter Anwendung der Szenariotechnik S. 222 der verschriftlichte Ausblick auf die nächsten zehn Berufsjahre der beiden Auszubildenden Anna und Marcel vorgeschlagen.
Alternativ zu diesem situativen Einstieg ließe sich – den biografisch orientierten Zugang des Kapitels im Blick – mit einer Befragung älterer Menschen am Arbeitsplatz oder im Verwandten- und Bekanntenkreis zu Berufserfahrungen beginnen. Ebenso könnten die Schülerinnen und Schüler durch eine Phantasiereise zur Auseinandersetzung mit ihren eigenen und den fremden Erwartungen an das Berufsleben angeregt werden. Ein Einstieg über Bilder und Fotografien zur Arbeits- und Berufswelt verschiedener Zeiten und Berufsfelder ist auch denkbar, würde den Zugang aber weg von den Schülerinnen und Schülern hin zur Sache (z. B. den technologischen und wirtschaftlichen Einflussfaktoren) verschieben.

Auskommen mit dem Einkommen

S. 32/33

Spielanleitung
Vertiefung
hz6f6m

Arbeiten wir um zu leben oder leben wir um zu arbeiten?

Lösungshinweise zu den Arbeitsvorschlägen

AV 1
Individuelle Lösungen der Schülerinnen und Schüler

AV 2
Die Schülerinnen und Schüler werden vermutlich zu dem Ergebnis kommen, dass Marie Curie sich nicht vorstellen könnte, wie man so ein Leben führen kann wie Steini. Sie hat Schwierigkeiten und Hindernisse überwunden, um schließlich eine berühmte Naturwissenschaftlerin zu werden. Marie Curie würde Steinis Leben und Verhalten möglicherweise in Frage stellen und ihm raten, mit Mut und Zuversicht die Zukunft seines Arbeitslebens selbst in die Hand zu nehmen.

AV 3
Individuelle Lösungen der Schülerinnen und Schüler
Hinweise: Die Schülerinnen und Schüler werden in ähnlichen Biografien erkennen können, dass persönliches Engagement, Durchhaltevermögen, Begeisterungsfähigkeit und die Motivation sich nicht durch Rückschläge von einem Ziel abbringen zu lassen, die Faktoren sind, die Menschen erfolgreich gemacht haben und erfolgreich machen.

AV 4
Die Positionen, die aus den Texten erarbeitet werden können:
Auch ein Vollzeitjob schützt nicht vor Armut.
- Es gibt viele Gewerbe, in denen man von seiner Arbeit nicht leben kann.
- Es gibt offenbar angesehenere Berufe, in denen Menschen genug verdienen, um davon leben zu können. Bedeutet dies im Rückschluss, dass in den anderen Gewerben zu wenig gezahlt wird, obwohl es anders möglich ware?
- Es gibt immer mehr Menschen, die von Arbeitsarmut bedroht sind, obwohl die wirtschaftliche Situation Deutschlands sehr gut aussieht.
- Nicht die Menschen sind von Armut bedroht, die Arbeit haben, sondern die, die keine Arbeit haben.
- Bildung schützt vor Arbeitslosigkeit und damit vor Armut.
- Würde die Arbeitslosenquote sinken, gäbe es auch weniger Armut

AV 5
Arbeitsergebnisse aus **AV 4**:
Bildung und Information können sich positiv auswirken, um sich vor Armut zu schützen. Das bedeutet, dass die schulische Bildung, die Berufsausbildung in besonderem Maße, und ein Hochschulabschluss die Möglichkeiten und Chancen verbessern, um einen Beruf zu erlernen und ergreifen zu können, von dessen Lohn man auch leben kann. Andere Probleme der Verarmung trotz Arbeit können nicht individuell, sondern nur arbeitsmarktpolitisch beeinflusst werden.

AV 6
Individuelle Lösungen der Schülerinnen und Schüler

S. 34/35

Jetzt wird es ernst

Herausforderung Ausbildung

Lösungshinweise zu den Arbeitsvorschlägen

AV1
Einige Schüler stellen ihre Präsentation im Plenum vor. Sie markieren mit Klebepunkten die Aspekte, von denen sie sagen würden, dass es sich um neue Anforderungen durch die Ausbildung handele. Übereinstimmungen und Unterschiede werden thematisiert und diskutiert. Die Schülerinnen und Schüler machen sich durch die entsprechende Thematisierung bewusst, dass sie bereits Stärken mitbringen, um den neuen Herausforderungen gewachsen zu sein.

AV2
Die Statistik zeigt, dass das Risiko arbeitslos zu werden, am höchsten ist, wenn man keinen Berufsabschluss hat. Für diesen Wert - 19,6% Arbeitslose ohne Berufsausbildung zu 6,9% Arbeitslosen insgesamt - wird der Zusammenhang besonders deutlich. Eine berufliche Grund- und Weiterbildung ist auch deshalb immer wichtiger, weil die Anforderungen an die Arbeitsprozesse in einer globalisierten Welt steigen. Arbeitgeber erwarten, dass Arbeitnehmer Kompetenzen mitbringen, die sie für anspruchsvolle, komplexe und selbstständige Arbeiten qualifizieren.

AV3
Viele Jugendliche, vor allen Dingen in den südlicheren Ländern Europas, sind von Arbeitslosigkeit betroffen. Das Modell der dualen Ausbildung ermöglicht es offenbar, die Jugendarbeitslosigkeit deutlich zu senken, was für Länder mit hoher Jugendarbeitslosigkeit eine Lösung der Problematik oder zumindest eine Verbesserung der Situation bedeuten könnte. Probleme mit der dualen Ausbildung in Deutschland haben vor allen Dingen schwache Schülerinnen und Schüler sowie Jugendliche mit Migrationshintergrund, da es für sie besonders schwer ist, überhaupt einen Ausbildungsplatz zu bekommen.

Ganz schön viel verlangt

S. 36/37

Was Arbeitgeber erwarten

Lösungshinweise zu den Arbeitsvorschlägen

AV 1
Es gibt übergreifende Verhaltensformen und Kompetenzen, die in jedem Beruf erwünscht sind, und spezielle Fähigkeiten und Fertigkeiten, die je nach Berufsbild gefordert werden; dazu: individueller Erfahrungsaustausch.

AV 2
- *Von mir wird erwartet, dass ich ...*

gute Umgangsformen habe, höflich und freundlich bin, mich teamfähig zeige, gepflegt aussehe, Ausstrahlung besitze, verantwortungsbewusst bin, eine schnelle Auffassungsgabe besitze, leistungsorientiert, ordentlich und pünktlich bin, sorgfältig arbeite, Interesse am Beruf und den entsprechenden Tätigkeiten auspräge, etc.

- *Von meinem Ausbildungsbetrieb erwarte ich, dass ...*

man mich mit Respekt behandelt, man sich an die Rahmenbedingungen im Ausbildungsvertrag hält, man sich an die Ausbildungsordnung hält, ich alles lernen kann, was für den Beruf wichtig ist, ich Verantwortung tragen darf, ich nicht nur Handlangerarbeiten erledigen muss, etc.

AV 3
Ausbildungsverhältnisse werden von den Auszubildenden in erster Linie vorzeitig gelöst, weil sie persönliche Schwierigkeiten mit dem Vorgesetzten/Ausbilder haben oder die Lehre nicht ihren Vorstellungen entsprochen hat. Besonders der erstgenannte Aspekt wirft die Frage auf, inwieweit sich solche Schwierigkeiten vermeiden lassen. In einem Lebenslauf sieht es nicht gut aus, wenn man selbst die Lehre abgebrochen hat. Man hat schlechtere Chancen, einen neuen Ausbildungsplatz zu finden. Man sollte sich als Auszubildender vielleicht fragen, was der Vorgesetzte/Ausbilder eigentlich erwartet hat und ob die Schwierigkeiten wirklich unüberbrückbar waren, oder ob man beim nächsten Mal ein wenig mehr Geduld und Durchhaltevermögen an den Tag legen könnte. Wenn man sich entsprechend darüber informiert, welche Rechte und welche Pflichten man im Rahmen einer Ausbildung hat, sollte man sich auch darüber im Klaren sein, dass Dienstleistungspflicht und Gehorsamspflicht zu den Anforderungen gehören.
Bei Kammern, Innungen und Betrieben kann und sollte man sich vorher über Verlauf und Inhalt der Ausbildung informieren. Wenn man entsprechend informiert ist, hat man weniger falsche Vorstellungen.
Ratschläge für den Auszubildenden:
- Bei finanziellen Problemen sollte man das eigene Finanzverhalten überprüfen und sich nach weiteren Förderungsmöglichkeiten erkundigen.
- Besteht ein anderer Ausbildungswunsch oder wird die Ausbildung als zu anstrengend empfunden, sollte man sich beim nächsten Mal vor Unterzeichnung des Ausbildungsvertrages genauer informieren.

AV 4a
Die sogenannten Primärtugenden (Höflichkeit, Zuverlässigkeit, Pünktlichkeit, gepflegtes Aussehen und Auftreten) haben nichts an Bedeutung eingebüßt. Aber vielen Betrieben und Unternehmen ist heute zusätzlich wichtig, wie selbstständig und informiert ein Bewerber wirkt. M 4 rät deshalb zur verstärkten Auseinandersetzung mit folgenden Fragen:
- Wo stehe ich derzeit? Was will ich erreichen?
- Warum interessiere ich mich für diesen Job?
- Was reizt mich an dieser Stelle? Warum interessiert mich diese Firma?

Und wichtig ist immer das souveräne Auftreten bei einem Bewerbungsgespräch.

AV 4b
Dieser Arbeitsvorschlag kann alternativ zu AV 1 genutzt werden.

S. 38/39

Kopiervorlage
„Berufswunsch Superstar"
m9xx2e

Lernen – ein Leben lang

Bildung als Zukunftskapital

Lösungshinweise zu den Arbeitsvorschlägen

AV 1
Die Karikatur von Tomi Ungerer aus dem Jahr 1974 mit dem Titel „Klug starten" zeigt zwei Männer, die jeweils eine hohe Leiter in den Händen halten. Die Leiter des einen Mannes hat ein paar Sprossen im unteren Bereich, die Sprossen im oberen Bereich fehlen. Der andere Mann hat eine Leiter, bei dem im unteren Drittel die Sprossen fehlen. Das Verhältnis von Körpergröße und Leitern zeigt, dass der eine Mann die Leiter erklimmen kann, ab einem gewissen Punkt aber nicht weiter hinauf kann, während der andere Mann keine Möglichkeit hat, die Leiter überhaupt zu erklimmen, obwohl diese hoch hinauf führt. Einer der beiden Männer hat – in Bezug auf die Überschrift – also bereits gute Startchancen, weil er die Leiter erklimmen könnte. Allerdings käme er trotz eines guten Starts nicht hoch hinaus. Hier lässt sich interpretieren, dass die fehlenden Sprossen im oberen Bereich möglicherweise mit persönlichen Hindernissen in Verbindung gebracht werden können. Auf der anderen Seite der Mann, der – vergleicht man die Sprossen seiner Leiter mit persönlichen Fähigkeiten – hoch hinaus könnte, aber keine Möglichkeit in den Händen hat, um überhaupt eine Startchance zu haben. Übertragen auf eine Arbeitsbiografie kann das bedeuten, dass ein Mensch schauen muss, was er aus den vorhandenen Möglichkeiten machen kann, um die berufliche Erfolgsleiter zu erklimmen. Auf der anderen Seite gibt es Menschen, die nicht die Chance auf eine berufliche Erfolgsbiografie haben, weil ihnen keine Startchancen gegeben werden, auch wenn sie möglicherweise Entwicklungspotenzial besitzen. Darüber hinaus lässt die Karikatur den Schluss zu, dass beide Männer weiterkommen können, wenn sie sich zusammen tun und ihre Leitern ergänzen.

AV 2
Ob man nun eher an Schicksal oder an Zufälle glaubt: Im Leben kommt man mit Menschen und Situationen in Kontakt, die einen persönlich weiterbringen oder auch bremsen können. Die Entscheidung, wie man damit umgeht, obliegt jedes Mal jedem Einzelnen. Die Berufsbiografie M 2 ist stark geprägt von persönlichem Engagement. Die Motivation lag hier offenbar bei der Interviewten, die einerseits zielstrebig, andererseits flexibel langfristig ihren Weg gegangen ist. Frau Meibeck handelte aktiv, nicht passiv.

AV 3
Individuelle Lösungen der Schülerinnen und Schüler

AV 4
Individuelle Lösungen der Schülerinnen und Schüler
Hinweis: In der Präsentation und im Vergleich im Plenum ist es interessant, sowohl die inhaltliche Ebene der Darstellungen zu betrachten, als auch die gestalterische.

Überall Innovationen

S. 40/41

Warum immer schneller und besser produziert wird

Lösungshinweise zu den Arbeitsvorschlägen

AV1

Die Gegenüberstellung von M1 und M2 weist bereits mit einem gestalterischen Element darauf hin, dass zwischen beiden Aufnahmen mehr als zwei Jahrzehnte liegen: M1 ist eine Schwarzweiß-Fotografie, M2 ein Farbbild. Beide Bilder zeigen Stationen in der Autoproduktion beim Hersteller Opel. Im ersten Bild arbeiten zwei Männer an der Fahrzeugkarosserie, auf der zweiten Abbildung sind nur noch Roboterarme zu sehen. Das zweite Bild vermittelt durch eine Bewegungsunschärfe im oberen linken Bildbereich eine höhere Dynamik im Arbeitsprozess. Die Fotos zeigen, dass im Verlauf von 1985 bis 2011 die Autoproduktion stark automatisiert worden ist. Menschliche Arbeitskräfte wurden durch Roboter ersetzt. Dieser Prozess führt zu Veränderungen auf dem Arbeitsmarkt: Es gehen dort Arbeitsplätze verloren, wo früher Menschen gearbeitet haben, dafür entstehen neue Arbeitsplätze, weil die Roboter selber auch entwickelt, gebaut und programmiert werden müssen.

AV2

Industrieroboter werden in der Automobilindustrie in allen Bereichen der Produktion eingesetzt: Metallbearbeitung, Montage, Schweißarbeiten und Fahrzeuglackierung sind einige der Bereiche. Menschen arbeiten eher in den Bereichen Planung und Entwicklung, Logistik, Marketing sowie im Controlling, also z. B. in der Qualitätskontrolle sowohl der hergestellten Produkte als auch der komplexen Fertigungsprozesse der Maschinen und Roboter, die von Menschen wiederum entworfen, programmiert und gewartet werden müssen.

AV3

Wenn mehr Mitarbeiter bei gleichbleibender Produktion eingestellt würden, würde die Produktivität sinken, da nicht mehr Menge erzeugt würde. Der Aufwand würde sich durch die steigenden Lohnkosten ebenfalls erhöhen, so dass die Wirtschaftlichkeit sinkt. Wenn mehr Kapital eingesetzt werden muss, reduziert sich außerdem die Rentabilität. Wird von gleich vielen Mitarbeiten mehr produziert, so steigt die Produktivität. Ein höherer Ertrag wird mit gleichbleibendem Aufwand möglich, so dass die Wirtschaftlichkeit steigt. Es muss nicht mehr Kapital eingesetzt werden, um einen höheren Gewinn zu erzielen. Dadurch steigt auch die Rentabilität.

AV4

Betrachtet man die Ergebnisse aus AV3, so lässt sich schlussfolgern, dass die Erhöhung der Produktion bei gleichzeitiger Senkung der Lohnkosten (= weniger menschliche Arbeitskräfte) die ideale Ausgangsposition für die Gewinnmaximierung eines Unternehmens ist. Die in M4 und M5 dargestellten Unternehmen bieten mit ihren Produkten, also Industrierobotern, produzierenden Unternehmen die Möglichkeit, menschliche Arbeitskräfte einzusparen und durch Roboter zu ersetzen. Damit sinken auf der einen Seite die Lohnkosten, auf der anderen Seite lässt sich sogar die Produktivität und Produktqualität noch steigern, was den Effekt der besseren Wirtschaftlichkeit und Rentabilität noch verstärkt. Da jedes Unternehmen nach Gewinnmaximierung strebt, werden diese an Lösungen wie sie von den Firmen Isra Vision und der Kuka AG angeboten werden, interessiert sein und für eine hohe Nachfrage sorgen.

AV5

Das folgende Flussdiagramm stellt die Veränderung der Arbeitswelt am Beispiel der Autoproduktion dar. Bei der Präsentation der Ergebnisse ist es interessant zu vergleichen, ob die Schülerinnen und Schüler die Fragestellung eher deduktiv oder induktiv angegangen sind, da alternative inhaltliche Akzentuierungen möglich sind.

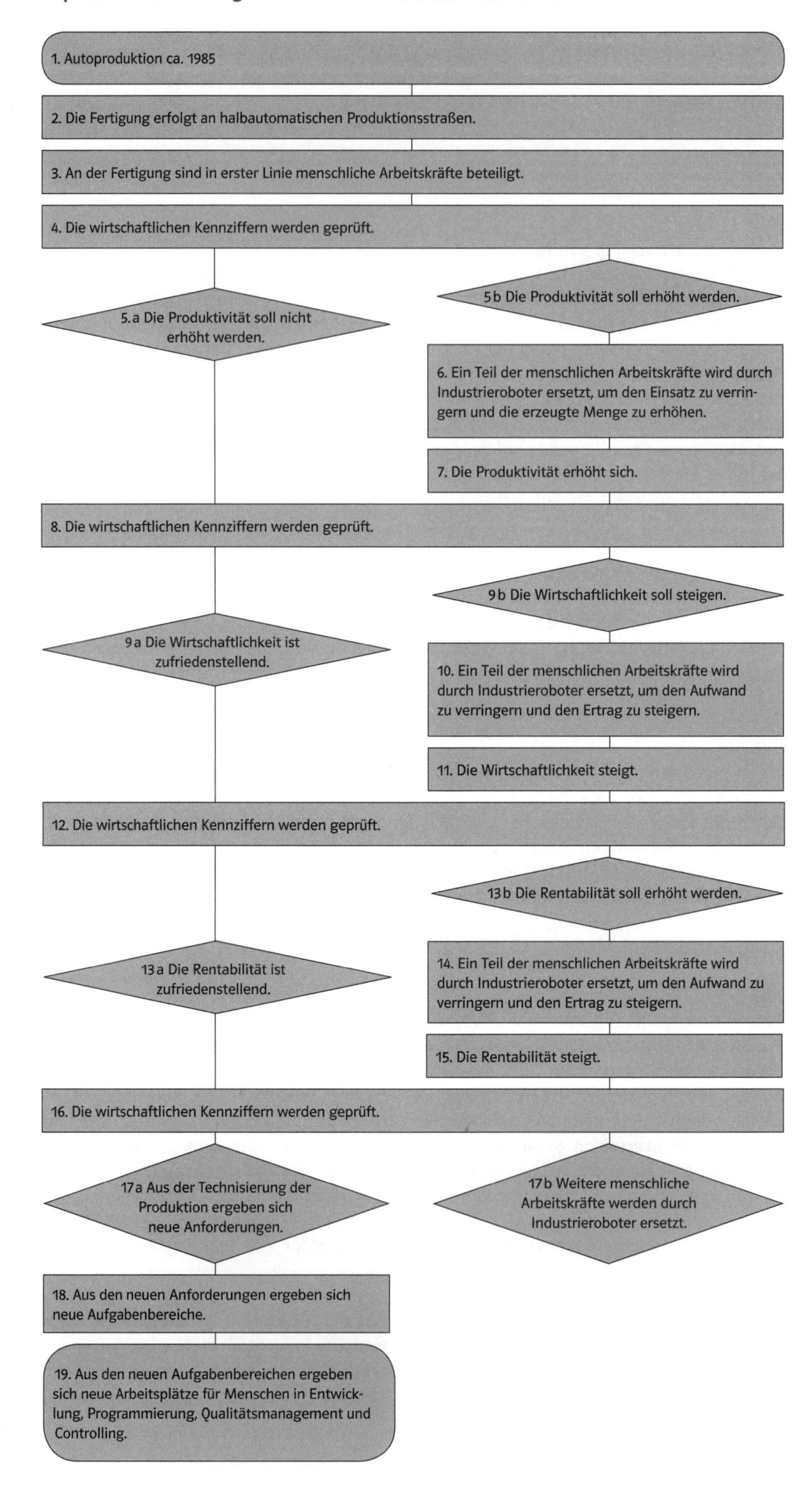
1. Autoproduktion ca. 1985
2. Die Fertigung erfolgt an halbautomatischen Produktionsstraßen.
3. An der Fertigung sind in erster Linie menschliche Arbeitskräfte beteiligt.
4. Die wirtschaftlichen Kennziffern werden geprüft.
5.a Die Produktivität soll nicht erhöht werden.
5b Die Produktivität soll erhöht werden.
6. Ein Teil der menschlichen Arbeitskräfte wird durch Industrieroboter ersetzt, um den Einsatz zu verringern und die erzeugte Menge zu erhöhen.
7. Die Produktivität erhöht sich.
8. Die wirtschaftlichen Kennziffern werden geprüft.
9a Die Wirtschaftlichkeit ist zufriedenstellend.
9b Die Wirtschaftlichkeit soll steigen.
10. Ein Teil der menschlichen Arbeitskräfte wird durch Industrieroboter ersetzt, um den Aufwand zu verringern und den Ertrag zu steigern.
11. Die Wirtschaftlichkeit steigt.
12. Die wirtschaftlichen Kennziffern werden geprüft.
13a Die Rentabilität ist zufriedenstellend.
13b Die Rentabilität soll erhöht werden.
14. Ein Teil der menschlichen Arbeitskräfte wird durch Industrieroboter ersetzt, um den Aufwand zu verringern und den Ertrag zu steigern.
15. Die Rentabilität steigt.
16. Die wirtschaftlichen Kennziffern werden geprüft.
17a Aus der Technisierung der Produktion ergeben sich neue Anforderungen.
17b Weitere menschliche Arbeitskräfte werden durch Industrieroboter ersetzt.
18. Aus den neuen Anforderungen ergeben sich neue Aufgabenbereiche.
19. Aus den neuen Aufgabenbereichen ergeben sich neue Arbeitsplätze für Menschen in Entwicklung, Programmierung, Qualitätsmanagement und Controlling.

Vertiefung: Der Weg in die Wissensgesellschaft

S. 42/43

Wozu brauchen wir Know-how?

Lösungshinweise zu den Arbeitsvorschlägen

AV 1

Knapp ein Viertel aller beruflichen Tätigkeiten sind in Deutschland inzwischen den hochqualifizierten Tätigkeiten zuzurechnen. Der technische Fortschritt erfordert zunehmend gut ausgebildete und qualifizierte Arbeitnehmer. Nur dies sichert den Wirtschaftsstandort Deutschland, da in Asien (und bald voraussichtlich auch in Südamerika) die technologische Entwicklung rasant zunehmen wird. M 1 weist auf das Problem der Bevölkerungsentwicklung hin: Die Zahl der Schulabgänger nimmt in Deutschland ab und den Unternehmen fehlt es zunehmend an qualifizierten Arbeitnehmern. Deshalb werben sie bereits an Schulen und bieten qualifizierte Ausbildungsplätze und sogar (im dualen Studium) Studienplätze in den entsprechenden Studiengängen (vornehmlich in einige Sparten der Ingenieurwissenschaften) an.

AV 2

Das Positiv-Szenario einer Wissensgesellschaft zeichnet das Bild einer hochtechnisierten, an den Prinzipien Effizienz, Rentabilität, Innovation sowie deren jeweiliger Steigerung orientierten Gesellschaft. Es besteht, obwohl intelligente Maschinen in allen Lebensbereichen zu finden sind, ein hoher Bedarf an Arbeitskräften, dies vor allem im tertiären Sektor der Dienstleistungen.
Bedingung zur positiven Teilhabe an einer solchen Gesellschaft sind eine gute – im Vergleich zu früher zumeist längere – schulische, wie auch universitäre Ausbildung und eine fundierte Qualifizierung. Hinzu kommen besondere persönliche Fähigkeiten wie das schnelle Erkennen von Zusammenhängen und das Unterscheiden von Wichtigem und Unwichtigem.

AV 3

Individuelle Lösungen der Schülerinnen und Schüler
Hinweise: Argumente für ein positives Extremszenario liegen mit M 3 vor.
Um ein negatives Extremszenario hinsichtlich der Entwicklung einer Wissensgesellschaft entwickeln zu können, ist es ggf. notwendig, dass die Lehrkraft die allzu verlockenden und scheinbar verheißungsvollen Seiten dieses positiven Szenarios an ein bis zwei Punkten infrage stellt:

- So könnte darauf aufmerksam gemacht werden, dass eine positive Teilhabe an der Entwicklung einer in dieser Weise orientierten Gesellschaft nur für diejenigen möglich ist, die schnell lernen und dies vor allem in theoretisch-abstrakten Bereichen. Hiermit ist die Gefahr der Spaltung der Gesellschaft gegeben, in diejenigen, die positiv partizipieren und in jene, die mehr oder weniger „abgehängt" und dann von der übrigen Gesellschaft alimentiert werden.
- Auch kann die immense Beschleunigung und „Ökonomisierung" aller Lebensbereiche angesprochen werden, deren Folgen für das Individuum bereits heute in der Gesellschaft unter dem Aspekt des „Burnout" diskutiert werden.
- Inwiefern ein (vorläufiges) Trendszenario erstellt wird, bleibt den zeitlichen Möglichkeiten und Interessen der jeweiligen Lerngruppe überlassen. Von der Anlage der Themeneinheit her, kann darauf verzichtet werden, da auf S. 57 in AV 2 ein weiteres Positivszenario entwickelt werden soll, das in eine völlig andere Richtung geht. Es kann durchaus als Gegenmodell aufgefasst und damit im Szenario-Trichter als weitere alternative Möglichkeit dargestellt werden.

S. 44/45

Kopiervorlage
„Das Tandem-Prinzip"
vd7h27

Jung triff Alt

Bevölkerungsentwicklung und Arbeitsmarkt

Lösungshinweise zu den Arbeitsvorschlägen

AV1
Die Karikatur von Klaus Stuttmann aus dem Jahr 2010 mit der Überschrift „Länger arbeiten" stellt in sechs Bildern folgende Situation dar: Der Betrachter sieht die Rückansicht eines Mannes, der auf einem Stuhl vor einem Schreibtisch sitzt. Während sich das Szenario in den sechs Bildern dynamisch entwickelt, bleibt die Ansicht dieses Mannes unverändert, unbewegt. Die Szene spielt offenbar in einer Agentur für Arbeit, was aus dem entsprechenden Logo im Bildhintergrund zu interpretieren ist. Dem älteren Herrn (erkennbar sind Glatze mit Haarkranz) gegenüber sitzt ein Mann hinter einem Schreibtisch mit Computerbildschirm, der auf den ersten drei Bildern schallend lacht und sich in der Körpersprache so steigert, dass auf dem dritten Bild Papiere durch die Gegend fliegen und er den Computerbildschirm mit einem Faustschlag vom Tisch fegt. Der Mann vor dem Schreibtisch ist offenbar arbeitssuchend. Seine Anfrage beim Arbeitsberater löst bei diesem einen geradezu hysterisch dargestellten Lachanfall aus, der unterbrochen wird von dem Kommentar: „Sie sind also schon 65 und wollen bis 67 arbeiten, und glauben, Sie finden noch einen Job?" Der Mann vor dem Schreibtisch antwortet (körperlich unbewegt) mit „Ja". Daraufhin verfällt der Arbeitsberater wieder in einen Lachanfall. Die hier problematisierte Situation kann vor dem Hintergrund interpretiert werden, dass Menschen nach entsprechender Gesetzlage mit 67 Jahren in die Altersrente gehen sollen. Dargestellt wird, dass in der beruflichen Realität Arbeitskräfte mit steigendem Lebensalter auch größere Probleme haben, auf dem ersten Arbeitsmarkt vermittelt werden zu können. Die Karikatur problematisiert, dass der gesetzlichen Vorgabe die Realität des Arbeitsmarktes gegenüber steht, auf dem ältere Arbeitskräfte trotz möglicherweise hoher Qualifikation keine Arbeit finden, wenn sie einmal arbeitslos geworden sind.

AV2 und AV3
Individuelle Lösungen der Schülerinnen und Schüler

Vertiefung: Die demografische Entwicklung

S. 46–49

Wird unser Land zu einer Rentnerrepublik?

Lösungshinweise zu den Arbeitsvorschlägen

AV1
Die Grafik zeigt die Entwicklung der Einwohner und Geborenen in Deutschland von 1841 bis 2100 (z.T. Prognose), welche in Abständen von 20 Jahren abgebildet ist. Die linke Achse stellt die Bevölkerung in Millionen von 0 bis 90 und die rechte Achse die Lebendgeborenen in Millionen von 0,36 bis 2,55 dar.
Der Graph der Bevölkerungszahl steigt von 33 Millionen im Jahr 1840 auf einen Höchstwert von 82 Millionen im Jahr 2010. Danach fällt der Graph auf 47 Millionen Menschen im Jahr 2100 ab.
Der Graph der Geburtenzahl verläuft unstetig, steigt generell aber von 1840 bis 1910 von 1,2 Kinder pro Frau auf 1,9 an. Anschließend fällt er bis zum Jahr 2100 auf einen Wert von 0,36 ab, wobei es zwischen 1910 und 1980 viele Auf- und Abschwünge gibt.
Als Einflussfaktoren sind im negativen Sinne verschiedene Kriege, Wirtschaftskrisen sowie die Einführung der Anti-Baby-Pille und im positiven eine boomende Wirtschaft zu nennen.

AV2
Vor der Industrialisierung: Kinder dienten in den Bauern- und Handwerkerfamilien als billige Arbeitskräfte. Auch pflegten und versorgten sie ihre Eltern im Alter, wenn diese nicht mehr arbeitsfähig waren. Eine staatliche Fürsorge fehlte.
Nach der Industrialisierung: Die Verstaatlichung der Altersversorgung entkoppelte diese von der Familie. Die Wirtschaftsstruktur änderte sich durch die Industrialisierung und die Mechanisierung, sodass Kinder als Arbeitskräfte im Familienbetrieb an Bedeutung verloren.

AV3
Der Begriff des „demografisch-ökonomischen Paradoxons" meint, dass eine Wohlstandssteigerung einer Gesellschaft und die damit erlangte Sicherheit nicht zu einer Zunahme der Geburten führt, sondern eher zu einer Abnahme, da Kinder nicht mehr zwangsläufig zur Überlebens- und Alterssicherung benötigt werden. Sie werden immer mehr zu einem Faktor (Opportunitätskosten zum Beruf), der den eigenen Wohlstand mindert.

AV4
Die beiden Weltkarten (M4) zeigen zum einen Angaben zur Wirtschaftskraft (Bruttoinlandsprodukt) und zum anderen zur Geburtenzahl. Die Größendarstellung der Länder erfolgt proportional zu diesen Werten, d.h., umso größer ein Land abgebildet ist, desto größer ist der dazugehörige Wert. Die größte Wirtschaftsleistung ist also für die USA zu verzeichnen, die größte Geburtenrate allerdings für Indien.
Generell bestätigt ein Vergleich der beiden Weltkarten das „demografisch-ökonomische Paradoxon". Deutschland z.B. gehört bezogen auf die Wirtschaftsleistung zu den Top 5 (4,8% des Welt-BIP), bezogen auf die Geburtenrate spielt es aber keine Rolle (0,5% der Welt-Geburtenzahl). In Afrika besitzen nur fünf Staaten ein BIP, welches einen Anteil von mehr als 0,2% des Welt-BIP ausmacht, allerdings besitzen 30 Staaten einen Anteil mit jeweils mehr als 0,2% der Welt-Geburtenrate. Umgekehrt verhält es sich in Europa. Als Ausnahmen könnten China, Brasilien und die USA angeführt werden.

AV 5

Ausschließlich ökonomische Betrachtung der demografischen Entwicklung:

Pro	Kontra
Die Ergebnisse aus Aufgabe 4 können hier verwendet werden.	Es gibt Gegenbeispiele wie in den USA und den Niederlanden. Ab einer gewissen ökonomischen Entwicklung, die durch eine gute Familienpolitik unterstützt wird, kehrt sich der Trend um. Kinder haben für sich genommen einen Wert, der nichts mit ökonomischen Kosten-Nutzen-Überlegungen zu tun hat.

Das Fazit stellt eine individuelle Leistung der Schülerinnen und Schüler dar.

AV 6

Mögliche positive Auswirkungen der demografischen Entwicklung:
Der Autor (M 5) geht auf die positiven Folgen eines Bevölkerungsrückgangs ein. Der Aufwand zur Versorgung der Bevölkerung, ob mit Nahrung, Wohnraum oder Arbeit, gehe zurück. Die wenigen Menschen können dann optimal versorgt werden, was deren Produktivität und Wohlstand steigere. Auch könne durch die steigende Lebenserwartung und bessere medizinische Versorgung, und damit einer längeren und höheren Leistungsfähigkeit, einiges kompensiert werden.
Die Stellungnahme stellt eine individuelle Schülerleistung dar, welche die Ergebnisse der vorherigen Arbeitsvorschläge einbeziehen sollte.

AV 7

Gesellschaftliche Folgen des demografischen Wandels für:
a) Unternehmen: Für diese erhöht sich die Konkurrenzsituation auf dem Arbeitsmarkt bezüglich geeigneter Fachkräfte. Diese sind ggf. besser ausgebildet als heute, aber in ihrer Anzahl begrenzt. Größere Unternehmen können ggf. ihr Personal global rekrutieren, für kleinere und mittelständische Unternehmen könnten Schwierigkeiten entstehen. Unternehmen müssen sich etwas einfallen lassen, welche Angebote sie ihren Fachkräften machen können, um sich von der Konkurrenz abzuheben (flexiblere Arbeitszeiten, Kinderbetreuung, etc.). Der Anteil der älteren Bevölkerung nimmt zu und stellt einen wachsenden Markt dar. Auf deren Bedürfnisse müssen die Unternehmen reagieren.
b) Rentner: Das Renteneintrittsalter wird evtl. immer weiter angehoben, was aber durch die steigende Lebenserwartung wieder ausgeglichen wird. Die Qualität der Rentenzeit könnte, trotz einer besseren medizinischen Versorgung, jedoch abnehmen. Allgemein müssten sich die Infrastruktur und die Gesellschaft mehr an die Bedürfnisse der Rentner anpassen.
c) Arbeitnehmer: Hier kann ein Rückbezug zum Opaschowski-Zitat der Auftaktdoppelseite erfolgen. Der Konkurrenzkampf auf dem Arbeitsmarkt dürfte abnehmen, genauso wie z. B. auf dem Wohnungsmarkt. Die Unternehmen werden den Arbeitnehmern bessere Arbeitsbedingungen bieten, allerdings wird ihr Arbeitspensum bei höherer Entlohnung deutlich steigen.

Auf eigenes Risiko

S. 50/51

Der Schritt in die Selbstständigkeit

Lösungshinweise zu den Arbeitsvorschlägen

AV 1
Individuelle Lösungen der Schülerinnen und Schüler
Hinweis: Vermutlich werden die Schülerinnen und Schüler in erster Linie Handwerksberufe aufzählen, die sie aus eigener Erfahrung kennen, wie Handwerker, Bäcker oder Friseur. In kleinen Betrieben spielt häufig eine Rolle, dass das Motiv für Selbstständigkeit die Übernahme des elterlichen Betriebes ist. Weitere Motivationen für die Selbstständigkeit können sein: Sein eigener Chef sein bedeutet, dass man selber Entscheidungen treffen kann und keine Anweisungen „von oben" erhält, die man ausführen muss. Das bedeutet auch, dass man sich seinen Arbeitsrahmen selber stecken kann (Mit wem möchte ich arbeiten? Wie soll meine Arbeitsstätte aussehen?). Viele sehen in der Selbstständigkeit die Möglichkeit, einen beruflichen Traum zu realisieren, weil man mehr persönliche Freiheiten hat, die einen stärker motivieren, zu arbeiten. Drohende oder bestehende Arbeitslosigkeit kann ein weiterer Faktor für die Entscheidung für die Selbstständigkeit sein. Selbstständigkeit ist für einige Menschen außerdem mit der Vorstellung verbunden, dass man ein hohes Einkommen erzielen kann und sie erhoffen sich dementsprechend, dass man irgendwann zu einem Punkt kommt, an dem man andere für sich und seinen Lebensunterhalt arbeiten lässt.

AV 2
Ein Risiko der Selbstständigkeit liegt darin, dass Existenzgründer möglicherweise erst eine längere Zeit keine Gewinne machen und viel Arbeit für wenig Einkommen einsetzen müssen, um ihr Unternehmen in Gang zu bringen bzw. am Laufen halten zu können. Darüber hinaus garantiert die Selbstständigkeit kein geregeltes Einkommen (M 2).
Trotzdem muss man in der Selbstständigkeit für die laufenden Kosten weiterhin aufkommen. Neben den zu zahlenden Lohnkosten für Mitarbeiter entstehen Kosten für Lohnnebenkosten, die eigenen Versicherungen und die Altersvorsorge sowie für eine eventuelle Arbeitsunfähigkeit. Wie M 3 beschreibt, ist allerdings die Höhe des Einkommens für die Zufriedenheit der Selbstständigen nicht immer so wichtig, dass nicht die Vorteile überwiegen würden. Wer selbstständig arbeitet, muss mit dem Gefühl leben können, dass das Risiko besteht, dass der eigene Betrieb Pleite geht und man möglicherweise sogar verschuldet von der Selbstständigkeit in die Arbeitslosigkeit gerät. Selbstständigkeit bedeutet außerdem ein hohes Maß an Verantwortung für sich selber und seine Mitarbeiter. Viele vergessen, dass nicht nur Aufgaben zu erledigen sind, die einem Spaß machen, sondern auch Aufgaben im Bereich Verwaltung, Personalmanagement und Buchhaltung, die die eigenen Fähigkeiten übersteigen könnten, oder dazu führen, dass man mehr Arbeitszeit in unliebsame Aufgaben investieren muss. Wer sich selbstständig machen möchte, benötigt also viel Durchhaltevermögen und Motivation.

AV 3
Individuelle Lösungen der Schülerinnen und Schüler

Linktipp
Vertiefung AV 3
j6r5er

AV 4
Individuelle Lösungen der Schülerinnen und Schüler

S. 52-55

Heute hier, morgen dort

Unsichere Arbeitsverhältnisse und ihre Folgen

Lösungshinweise zu den Arbeitsvorschlägen

AV 1
In Deutschland arbeiten drei Viertel der erwerbsfähigen Personen im Normalbeschäftigungsverhältnis. Das bedeutet sie haben eine unbefristete Vollzeitstelle. Der Anteil der Männer im Normalbeschäftigungsverhältnis ist größer als der Anteil der Frauen. Ein Viertel der Personen sind atypisch beschäftigt. Sie haben keine unbefristete Vollzeitstelle. Der Anteil der Frauen ist hier größer als der Anteil der Männer. Die Anzahl der atypisch Beschäftigten stieg in den letzten Jahren kontinuierlich.

AV 2
Als atypisch beschäftigt gilt jeder Arbeitnehmer, der keine unbefristete Vollzeitstelle hat. Die atypischen Beschäftigungsformen sind dabei sehr vielfältig. Dazu zählen Arbeitnehmer, die weniger als 21 Stunden in der Woche einer Beschäftigung nachgehen. Sie gelten als teilzeitbeschäftigt. Befristete Vollzeitstellen, geringfügig Beschäftigte und Zeitarbeitnehmer sind weitere Formen der atypischen Beschäftigung. Besonders die Zeitarbeit, oder auch Leiharbeit genannt, spielt in der Wirtschaft eine zunehmend größere Rolle. Die Arbeitskraft eines Zeitarbeitnehmers wird an ein Unternehmen, das Personal benötigt, ausgeliehen bis dieser Zusatzbedarf nicht mehr benötigt wird. So versuchen die Unternehmen, auf die Anforderungen der globalen Wirtschaft flexibel zu reagieren. Im Nachteil sind Leiharbeiter, sie wissen oft nicht wie lange der Arbeitsvertrag verlängert wird und meistens erhalten sie eine viel geringere Entlohnung als die Stammbelegschaft. Die meisten atypischen Beschäftigungsformen findet man im Gastgewerbe, Gesundheitswesen, im Bereich Erziehung und Unterricht sowie in den Bereichen öffentlicher und privater Dienstleistungen.

AV 3a
Die Ausweitung des Niedriglohnsektors bewirkt eine Spaltung der Gesellschaft. Die Schere zwischen arm und reich wächst und auch in der Arbeitswelt steht Managern, Fachkräften und Stammbelegschaften eine Personalreserve gegenüber, die nach Bedarf entlassen oder eingestellt wird.
Der Anteil der Arbeitnehmer, die von weniger als 10,36 € brutto die Stunde leben müssen, steigt kontinuierlich. Der Niedriglohnsektor ist in bestimmten Branchen besonders ausgeprägt. Besonders betroffen sind Taxifahrerinnen und Taxifahrer, Friseurinnen und Friseure sowie Reinigungskräfte. Deutlich wird auch, dass Niedriglohn immer dann bezahlt wird, wenn die Arbeitgeber nicht an einen Tarifvertrag gebunden sind.
Geringverdiener sind deshalb auch häufig von Armut betroffen und auf Unterstützung des Sozialstaates angewiesen.

AV 3b
In der Karikatur ist eine dreiköpfige Familie abgebildet. Der Mann berichtet über einen neuen Job, den er bald antreten kann. Der Aussage der Frau kann man entnehmen, dass damit bereits zwei Beschäftigungen in der Familie nachgegangen wird und trotzdem die finanziellen Mittel nicht zum Leben reichen.
Im Kernpunkt der Kritik stehen Niedriglohnjobs oder auch atypische Beschäftigungsformen, aus deren Einkünften ein „normales" Leben kaum bestritten werden kann. Häufig sind diese Menschen gezwungen weitere Jobs, evtl. als geringfügig Beschäftigte, anzunehmen, um den Unterhalt der Familie zu sichern. Als besonders prekär ist dabei die abgebildete Situation innerhalb einer Familie anzusehen. Damit möchte der Zeichner einen weiteren Aspekt des gesellschaftlichen Problemfelds Niedriglohn aufzeigen.

AV 4
Dass Frauen besonders von Altersarmut betroffen sind, hängt mit der Beschäftigungsform zusammen, der sie Zeit ihres Arbeitslebens nachgegangen sind. Die Statistik zeigt, dass Frauen häufiger atypisch beschäftigt sind als Männer und auch seltener eine unbefristete Vollzeitstelle haben. Als Grund für diesen Zustand wird häufig die Unvereinbarkeit von Familie und Beruf genannt. Deshalb gehen viele Frauen einer geringen Beschäftigung nach.

Das führt dazu, dass obwohl sie vielleicht über Jahrzehnte im Berufsleben standen, wenige Beiträge in die Rentenkassen eingezahlt haben. Dieser Missstand wurde dann noch dadurch verstärkt, dass Frauen häufig auch im Niedriglohnsektor tätig sind.

AV 5

Die Karikatur zeigt eine Werkstatt mit drei Arbeitern, die auf Falltüren stehen. Durch die Halle gehen zwei Personen im Anzug, wahrscheinlich Geschäftsführer, und unterhalten sich über die Arbeiter. Eine Falltür ist offen und der dazugehörige Arbeitsplatz unbesetzt. Die Geschäftsführer sprechen von einer Arbeitsstelle für Leiharbeiter.
Der Zeichner kritisiert die Arbeitssituation von Leiharbeitern. Ihre Arbeitskraft wird nur gefragt, wenn der Betrieb aufgrund der Auftragslage zusätzliches Personal benötigt. Damit ist die Zukunft und somit die Weiterbeschäftigung der Leiharbeiter immer von der Auftrags-/ Wirtschaftslage abhängig. Nicht benötigtes Personal wird entlassen. Von einer sozialen Verantwortung kann hier keine Rede mehr sein. Für die Unternehmen ist der Arbeitnehmer nur ein Betriebsmittel, welches bei Bedarf herangeholt wird. Wird die Arbeitskraft nicht benötigt werden die Arbeitnehmer in die Arbeitslosigkeit entlassen – ohne eine Abfindung. Häufig werden die Leiharbeiter auch nicht nach Tarif bezahlt und verdienen somit viel weniger als die Stammbelegschaft.

Kopiervorlage
„Leiharbeit"
at29eh

AV 6

Vorteile sogenannter Minijobs können sein: Man muss keine Sozialversicherungsbeiträge oder Steuern zahlen, so dass man seinen Verdienst in vollem Umfang einplanen kann. Man kann auch ohne Berufsausbildung oder Berufserfahrung als Minijobber arbeiten, weil für diese Jobs meist keine hohe Qualifikation erforderlich ist. Für viele Minijobber ist es wichtig, dass sie durch den Minijob mehr Flexibilität in der Lebensplanung haben und mehr Zeit für Familie und Hobbies.
Der wichtigste Nachteil ist die mangelnde soziale Absicherung für Minijobber. Außerdem sind Minijobs häufig nicht das gewünschte Sprungbrett in den ersten Arbeitsmarkt.

AV 7

Individuelle Lösungen der Schülerinnen und Schüler

AV 8

Individuelle Lösungen der Schülerinnen und Schüler

S. 56/57

Standortfaktoren verändern sich

Was zählt für Unternehmen und Beschäftige?

Lösungshinweise zu den Arbeitsvorschlägen

AV1
Die Bedeutung von Standortfaktoren verändert sich, das heißt auch, dass die sogenannten weichen Faktoren gegenüber den harten Standortfaktoren eine größere Rolle spielen können. So kann die Wohnortqualität mit Bildungsangeboten, Wohn- und Erholungsmöglichkeiten für die Ansiedlung von Unternehmen einen höheren Stellenwert einnehmen als manch harter Standortfaktor. Dies gilt besonders für Unternehmen, die auf qualifizierte Fachkräfte angewiesen sind.
In der Entwicklung, z. B. des Ruhrgebietes, spielten folgende harte Standortfaktoren eine immer geringer werdende Rolle:
- Verkehrsanbindung (Straße, Schiene, Wasser, Luft),
- Flächenangebot (Größe, Zuschnitt, Grundstückspreise und Altlasten),
- Lage zu Absatzmärkten,
- Verfügbarkeit von Rohstoffen.

Diese harten Standortfaktoren spielten insofern eine Rolle, als das Ruhrgebiet damit kaum bzw. zunächst nicht konkurrieren konnte:
- Arbeitskräfte (Lohnkosten),
- Energie- und Umweltkosten,
- lokale Steuern und Abgaben,
- Förderangebote (Zuschüsse, Entlastungen bei Steuern und Abgaben, Investitionszulagen).

AV2
Durch die Stilllegung von Zechen und Stahlwerken wurden viele Menschen arbeitslos. Gleichzeitig entstanden auf den alten Fabrikgeländen große ungenutzte Flächen. Die Stadt Bochum z. B. versuchte durch Subventionen (Wirtschaftsförderung durch Steuervergünstigungen, finanzielle Hilfen und preiswerte Grundstücke) neue Betriebe im Stadtgebiet anzusiedeln. Als weitere harte Standortfaktoren fielen im Hinblick auf das Opel-Werk die Verfügbarkeit von qualifizierten Arbeitskräften und die Nähe zu den Absatzmärkten ins Gewicht.

AV3a
Individuelle Lösungen der Schülerinnen und Schüler
Hinweise:
Problem: Ein Unternehmen will sich an einem Ort ansiedeln
Auseinandersetzung:
- Befürworter: Arbeitsplätze für mittel bis hoch qualifizierte Arbeitskräfte; Arbeitsplätze im Baugewerbe während der Erschließung und dem Bau der Fabrikanlage, höhere Einnahmen bei der Gewerbesteuer
- Gegner: mehr Verkehr, mehr Lärm; Was ist mit der Umweltbelastung (Schadstoffe, Abfälle)?
- Bedenkenträger: u. a. örtlich ansässige Betriebe – Warum soll ein fremdes Unternehmen bevorzugt werden? Was hat das örtliche Handwerk von der Ansiedlung eines solchen Unternehmens (z. B. Bauaufträge für das Firmengelände, für Familienhäuser der zuziehenden Arbeitnehmer, steigender Handel und Zunahme an Dienstleistungen durch mehr Nachfragen)?; Was ist mit dem Zuzug möglicher Konkurrenten?
- äußerer Kreis:
  - Wie ist die Rechtslage hinsichtlich des zu erschließenden Geländes?
  - Wie sieht es mit Kinderbetreuung, Schulen, Freizeitmöglichkeiten, Baugelände für sich möglicherweise ansiedelnde hoch qualifizierte Arbeitskräfte aus?
  - Inwiefern und mit welchen Mitteln soll die Kommune in Vorleistung hinsichtlich des Ausbaus der weichen Standortfaktoren gehen?
  - Wie hoch sind die vom Land zur Verfügung gestellten Mittel?

Bewertung und Reaktion:
- öffentliche Ratssitzung; Bürgerbefragung
- Annahme 1: Der Gemeinderat spricht sich für die Ansiedlung des Unternehmens aus, da nicht nur erhöhte Steuereinnahmen zu erwarten sind, die der gesamten Bevölkerung zugute kommen, sondern auch der Zuzug an qualifizierten jungen Arbeitnehmern mit

ihren Familien zu erwarten ist. Die Umweltbelastung ist gering, die Belastungen durch ein erhöhtes Verkehrsaufkommen (Transporte) werden als erträglich eingeschätzt.
- Eine beträchtliche Anzahl an Bürgerinnen und Bürgern schätzt die entstehenden Belastungen erheblich höher und die positiven ökonomischen Entwicklungen geringer ein. Dennoch entscheidet sich der Gemeinderat für die Genehmigung der Ansiedlung.
- Annahme 2: …
- Annahme 3: …

Beendigung der Politik:
- Annahme 1: Die verantwortlichen Politiker und die Bürgerinnen und Bürger sind sich einig, dass sich das Unternehmen ansiedeln soll und auch die entsprechenden Vorleistungen durch Kommune und Land erbracht werden.
- Annahme 2: Bürgerinitiative …
- Annahme 3: …

Neueintritt in das Problem …

AV 3b

Individuelle Lösungen der Schülerinnen und Schüler

S. 58–79

Kapitel 3

Bürgerinnen und Bürger in der Demokratie

Leistungskontrolle
Bausteine zur Leistungsüberprüfung
4bz8y6

Didaktische Intention und roter Faden durch das Kapitel
Die Erfahrung in einer Demokratie zu leben, ist für die Altersgruppe der Schülerinnen und Schüler in der Sekundarstufe II selbstverständlich. In den meisten Fällen hat sich bis zum Ende der Sekundarstufe I noch niemand aktiv mit den Möglichkeiten politischer Mitbestimmung beschäftigt. Befragt man Jugendliche nach ihrem Interesse an Prozessen der politischen Willensbildung und Gesetzgebung, ist nicht selten eine sogenannte Politikverdrossenheit festzustellen. In der schulischen oder beruflichen Ausbildungssituation, in der sich die Schülerinnen und Schüler befinden, werden sie zu Staatsbürgerinnen und -bürgern, die neben anderen Möglichkeiten der politischen Partizipation auch wahlberechtigt sind.
Mit dem Kapitel drei haben die Schülerinnen und Schüler die Möglichkeit, sich Informationen zur Gesetzgebung und Gewaltenteilung zu erarbeiten. Um als mündige Jugendliche und Erwachsene an politischen Entscheidungsprozessen mitwirken zu können, ist es neben Urteilskompetenz und methodischen Kompetenzen auch wichtig, die politische Handlungskompetenz mit Hilfe grundlegender Sachkenntnisse auszubilden, zu stärken und zu vertiefen. Es ist wünschenswert, dass die Sicherung und Weiterentwicklung der Demokratie für unsere Schülerinnen und Schüler ein selbstverständliches Anliegen wird.
Die Themendoppelseiten des dritten Kapitels stellen für die Schülerinnen und Schüler Informations- und Arbeitsmaterial zur Verfügung. Dieses ermöglicht ihnen einen grundlegenden Kenntnisstand hinsichtlich der Gewaltenteilung sowie der politischen Entscheidungs- und Mitbestimmungsorgane. Darüber hinaus stellt es die Beziehung zwischen Politik und Lebenswelt her, indem die Schülerinnen und Schüler Formen der Meinungsbildung und Gesetzgebung kennen lernen können, die auch durch eigene Partizipation und Mitverantwortung beeinflusst und getragen werden.
Neben den Themenseiten findet sich am Ende des Kapitels eine Vertiefungsseite, mit der je nach Leistungsniveau, Bildungsstand oder Zeitumfang eines Bildungsgangs die unterrichtliche Arbeit differenziert werden kann.

Hinweise zum Einstieg
In der Vorstellung unserer Schülerinnen und Schüler stehen Institutionen und Organe der Gewaltenteilung und Gesetzgebung häufig in keinem erkennbaren, direkten Kontext zum eigenen Leben. Der Einstieg in das Kapitel über die Lernsituation „Mehr Demokratie durch E-Partizipation?“ fordert sie dazu auf, sich mit der Frage auseinanderzusetzen, ob und inwieweit es auch für sie Möglichkeiten gibt, politisch Einfluss zu nehmen und dadurch die eigene Lebenswelt und die der Mitschüler/innen und Mitmenschen verändern zu können.
Die Lernsituation schafft eine Annäherung an die inhaltlichen Aspekte des dritten Kapitels durch ein humorvoll und provokativ gezeichnetes Szenario, das die Schülerinnen und Schüler überraschen und neugierig machen soll. Das Thema E-Partizipation bzw. Online-Petition stellt bekannte Themenbereiche in Beziehung zu neuen Möglichkeiten und bietet viel Raum für Recherchen zu den Institutionen und Organen in der Bundesrepublik Deutschland sowie zur kritischen Auseinandersetzung mit der eigenen Rolle als Bürgerin oder Bürger in einer Demokratie.

Gewaltenteilung in der Bundesrepublik

S. 60/61

Wer hat die Macht im Staat?

Kopiervorlage
„Drei Gewalten"
wi9s96

Lösungshinweise zu den Arbeitsvorschlägen

AV1
Unter der horizontalen Gewaltenteilung versteht man die Teilung der Macht in die
- gesetzgebende Gewalt (Bundestag und Bundesrat/Parlamente der Länder),
- vollziehende Gewalt (Bundesregierung, Länderregierungen) und
- rechtsprechende Gewalt (Bundesverfassungsgericht, oberste Gerichtshöfe/Gerichte der Länder).

AV2
- Die horizontale Gewaltenteilung stellt die Teilung der Macht auf gleicher Ebene dar. Auf Bundesebene wirken das Parlament als gesetzgebende Gewalt, die Bundesregierung als ausführende Gewalt. Die obersten Gerichte und das Bundesverfassungsgericht stellen die richterliche Gewalt dar. Parlament und Gerichte kontrollieren die Regierung.
- Die vertikale Gewaltenteilung bezieht sich hingegen auf eine Aufgabenteilung von oben nach unten und umgekehrt: zwischen Gemeinden, Ländern und dem Bund. Die Gemeinden und die Länder sollen so viel wie möglich selbst entscheiden können.

Beispiele:
- Bund – Staatsangehörigkeit; Bund und Länder – Aufenthaltsrecht für Ausländer; Länder – Schule und Bildung
- Bund – Verteidigung und Zivilschutz; Bund und Länder – Strafrecht und Strafvollzug; Länder – Polizei- und Versammlungsrecht
- Im Bundesrat wirken die Länderregierungen an der Gesetzgebung des Bundes mit.

AV3
Im Gegensatz zum Bundestag werden die Mitglieder des Bundesrates nicht direkt vom Volk gewählt. Sie werden von den jeweiligen Landesregierungen benannt. Dies bedeutet, dass sich die Abstimmungen im Bundesrat auch dadurch verschieben können, dass sich nach einer Landtagswahl die Mehrheitsverhältnisse in einem Bundesland so verändert haben, dass eine neue Regierung mit anderen Parteien gebildet wird. Diese Regierung stellt dann auch andere Mitglieder ihres Landes im Bundesrat. Diese Mitglieder sind an die Weisungen der jeweiligen Landesregierung gebunden.
Bemerkenswert ist auch, dass hier unterschiedliche Rollen hineinspielen: Im Land gehören die Vertreter des Bundesrates der Regierung und damit der ausführenden Gewalt (Exekutive) an, im Bundesrat sind sie dann Teil der gesetzgebenden Gewalt (Legislative).

S. 62–65

Bundestagswahl und Wahlgrundsätze

Wer wählt den Bundestag?

Kopiervorlage „Wer wählt den Bundestag?" 65fp6d

Lösungshinweise zu den Arbeitsvorschlägen

AV1

1. Nachdem der Wähler das Wahllokal betreten hat, gibt er seine Wahlbenachrichtigung (Karte) beim Wahlhelfer ab. Gegebenenfalls legt er seinen Personalausweis vor. Der Wahlhelfer hakt ihn auf der Wählerliste ab.
2. Der Wähler bekommt Wahlzettel und Umschlag.
3. Er geht in eine der Wahlkabinen und wählt dort.
4. Anschließend wirft er den Umschlag mit seinem Wahlzettel in die Wahlurne.

AV2

Mit der Erststimme werden Direktkandidaten der 299 Wahlkreise gewählt. Diejenigen Bewerber, die im Wahlkreis die meisten Erststimmen erhalten, ziehen als Abgeordnete(r) in den Bundestag ein. Mit der Zweitstimme wählt man die Liste einer Partei. Die Prozentanteile, die eine Partei erreicht, bestimmen über die Anzahl der Abgeordneten, die diese Partei anteilig von den übrigen 299 Sitzen in den Bundestag schicken kann (Verhältniswahl). Eine Partei muss allerdings mindestens 5 % der Zweitstimmen erhalten oder mindestens drei Direktmandate (Erststimme) erreichen, um in den Bundestag einziehen zu können.
Die Zweitstimme ist insofern von größerer Bedeutung, da sie das Verhältnis der in das Parlament gewählten Parteien zueinander festlegt. Da die Überhangmandate neu geregelt werden, verlieren die Direktmandate hinsichtlich der Stärke der einzelnen Fraktionen noch mehr an Bedeutung. Zu den Überhangmandaten siehe AV 4.

AV3

Die Hälfte der Abgeordneten wird direkt gewählt: Derjenige Kandidat, der die meisten Stimmen in seinem Wahlkreis erhält, zieht als Abgeordneter in den Bundestag ein. Die andere Hälfte der Abgeordneten zieht über die Listen der Parteien (Zweitstimme) in den Deutschen Bundestag ein. Wer es daher auf den Listen auf die vorderen Plätze schafft, hat größere Chancen. Zur Bedeutung der Zweitstimme und der Überhangmandate siehe AV 2 und AV 4.
M 7: %/Sitze: B 20/2; C 20/2; D 10/1

AV4

Jetzige Regelung: Alle Überhangmandate werden ausgeglichen.
- Warum Überhangmandate nicht verbieten?

Wenn eine Partei mehr Direktmandate gewinnt als ihr nach der Prozentzahl der Zweitstimmen zusteht, kann man den gewählten Direktkandidaten den Einzug ins Parlament nicht verwehren.
- Warum eine Vergrößerung des Bundestages und kein Ausgleichen?

Die Überhangmandate mit Listenplätzen aus anderen Regionen auszugleichen, führt zu regionalen Verwerfungen.
- Warum keine Kappung der Direktmandate?

Die Direktkandidaten, die gewählt wurden, können keiner weiteren Auswahl unterworfen werden. Die drei Sieger mit den schlechtesten Ergebnissen zu Verlierern zu machen, geht nicht (siehe auch Argument 1).
- Warum kein Einstimmensystem wie früher (1953) und keine Vergrößerung der Wahlkreise?

Beides könnte Überhangmandate verhindern. Aber das Einstimmensystem ermöglicht nicht das Stimmensplitting, das kleineren Parteien größere Chancen bietet. Größere Wahl- kreise sind zwar eine Option, aber nicht für 2013 möglich, da die Wahlkreiskandidaten bereits feststehen. Außerdem dauert es Jahre, bis neue Wahlkreise festgelegt sind und in einigen ländlichen Gebieten sind sie bereits jetzt schon sehr groß.

AV 5

M 4: Das Bundeswahlgesetz lässt es zu, dass sich jede Person, die die deutsche Staatsangehörigkeit besitzt, volljährig ist und 200 Unterschriften von Unterstützern vorlegen kann, zur Wahl als Direktkandidat in seinem Wahlkreis aufstellen lassen kann.
Die Chancen für eine erfolgreiche Kandidatur sind allerdings gering.
Der Weg führt meistens über eine Parteienkandidatur. Vor dieser steht oft die „Ochsentour" innerhalb der Partei, d.h. die Bewährung und unermüdliche Arbeit vor Ort und die allmähliche Profilierung als Volksvertreter in Stadt- bzw. Gemeinderäten.
M 5: Der Autor nimmt kritisch Stellung zur Macht der Parteien hinsichtlich der Absicherung der Kandidaten: „Wer ins Parlament kommt, das wird von den Parteien bestimmt." Diese sichern ihre innerparteilich wichtigen Personen über die Listenplätze ab: Sie setzen sie auf die vordersten Plätze, damit sie über die Zweitstimme sicher ins Parlament einziehen. Der Wähler kann ihnen damit nichts anhaben, sie nicht einmal durch Abwahl für ihr Tun verantwortlich machen.

AV 6

Individuelle Lösungen der Schülerinnen und Schüler
Hinweise:
- Allgemein und gleich: In der Geschichte hat es immer wieder Situationen gegeben, dass Stimmen (aus verschiedenen Gruppierungen) unterschiedliches Gewicht hatten; Frauen waren lange Zeit von Wahlen ausgeschlossen.
- Unmittelbar: Die Wahlmänner in den USA sind eine Kompromiss-Einrichtung aus den Anfängen dieses Staates. Um eine demokratische Wahl durchsetzen zu können, einigte sich die verfassungsgebende Versammlung darauf, dass das („gewöhnliche") Volk den Präsidenten nicht direkt, sondern („wohlverständige") Männer wählen sollte, die dann den Präsidenten bestimmten.
- Frei und geheim: Es soll niemand von außen Einfluss auf die Stimmabgabe haben. Deshalb ist die Wahl grundsätzlich geheim: Weder Staat noch Familie sollen überprüfen können, was der/die Einzelne wirklich gewählt hat. Repressalien und Einflussnahmen sollen damit verhindert werden.

AV 7

Der Politikwissenschaftler Franz Walter stellt in der Abarbeitung verschiedener Thesen die Frage, ob eine Veränderung des deutschen Wahlrechts hin zu einem Mehrheitswahlsystem erfolgen sollte und welche Vorteile und Grenzen der Realisation aus seiner Sicht bestehen:
- Bei einem Mehrheitswahlsystem sind keine Koalitionen mit kleinen Parteien nötig.
- Die Machtverhältnisse im Bundestag sind klarer.
- Bei klaren Machtverhältnissen sind auch Verantwortungen klarer zuzuweisen.
- Durch das Mehrheitswahlsystem treten stärker die Politiker als Vertreter ihrer Wähler in den Vordergrund als die Parteien und deren interne Interessen, da sie sich stärker an Wählerinteressen orientieren müssen, um einen Sieg im Wahlkreis zu erlangen.
- Bei der Besetzung von Ämtern in Gremien und Ausschüssen gilt nicht mehr die Wahrung der Proportionalität.
- Franz Walter vertritt die These, dass die mangelnde Berücksichtigung von Minderheitenmeinungen in einem reinen Mehrheitswahlsystem zu Unzufriedenheit bei den Bürgerinnen und Bürgern führen könnte, so dass es zu mehr Protest und Streiks käme. Die parlamentarische Opposition würde sich verlagern in eine außerparlamentarische Opposition.
- Eine Wahlrechtsreform ist in Deutschland insofern schwierig, als viele Elemente und Institutionen der Gewalten in ihrer Form und Funktion historisch aus der Bundesstaatlichkeit entstanden sind. Durch dieses föderale System kann das Prinzip der eindeutigen Mehrheiten wieder aufgeweicht oder gebrochen werden. So kann es sein, dass ein Entscheidungsgremium völlig andere Mehrheitsverhältnisse und damit andere Interessen vertritt als ein anderes.

S. 66/67

Aufgaben des Bundestages

Wie entstehen Gesetze?

Kopiervorlage
„Wie ein Gesetz entsteht"
4tj3r7

Lösungshinweise zu den Arbeitsvorschlägen

AV 1

Zentrale Aufgabe des Bundestages ist die Gesetzgebung. Zu den weiteren wichtigen Aufgaben des Bundestages gehören:
- Entscheidungen über den Einsatz der Bundeswehr,
- Genehmigung internationaler Verträge,
- Wahl des Bundeskanzlers bzw. der Bundeskanzlerin,
- Kontrolle der Bundesregierung.

AV 2

Gesetzentwürfe können vom Bundestag, der Bundesregierung oder vom Bundesrat eingebracht werden. Nach einer ersten Lesung wird der Gesetzentwurf dem Parlament vorgetragen. Meistens wird der Entwurf dann an einen der Ausschüsse überwiesen, in dem die fachlichen Fragen eingehend besprochen und geklärt werden. Ein Gesetz wird grundsätzlich nicht in der ersten Lesung verabschiedet. Hierdurch sollen die Abgeordneten ausreichend Zeit bekommen, um über das Gesetz und seine Auswirkungen hinreichend nachzudenken. Zugleich ist diese Maßgabe eine Reaktion auf die Erpressung des Reichstages durch Hitler, der das Ermächtigungsgesetz, mit dem sich der Reichstag selbst in seiner Funktion als gesetzgebende Gewalt ausschaltete, in einer einzigen Sitzung durchsetzte.
Sind die Länder von einem Gesetz betroffen, so muss der Entwurf auch dem Bundesrat zur Abstimmung vorgelegt werden. Lehnt der Bundesrat den Gesetzentwurf ab, geht er in den Vermittlungsausschuss, der den Entwurf so überarbeiten soll, dass er im Bundesrat und im Bundestag Zustimmung finden kann. Ein Gesetz tritt nach Verabschiedung durch den Bundestag erst dann in Kraft, wenn der Bundespräsident es unterschrieben hat. Der Bundespräsident prüft, ob das Gesetz verfassungsgemäß verabschiedet und inhaltlich verfassungskonform ist.

AV 3

Der Begriff repräsentative Demokratie bedeutet, dass das Volk Vertreter wählt. Diese Abgeordneten sind nur ihrem Gewissen unterworfen und an Aufträge und Weisungen nicht gebunden (Art. 38, Abs. 1 GG).
Rechtlich bedeutet die Wahl von Repräsentanten, dass die wahlberechtigten Bürgerinnen und Bürger mit der Wahl ihre demokratischen Aufgaben und Rechte im Hinblick auf die legislative und exekutive Gewalt auf die gewählten Abgeordneten und damit direkt auch auf Organe der Exekutive übertragen. Damit wirkt das Volk nicht direkt auf die Gesetzgebung und die Verwaltung des Staates ein. Dies gilt auch für die Rechtsprechung, die als unabhängige, dritte Gewalt fungiert (In anderen demokratischen Staaten werden z. B. Richter und Staatsanwälte gewählt.).

AV 4

Alle Staatsgewalt geht vom Volke aus (Art. 20, Abs. 2 GG). Das Volk wählt die Abgeordneten des Bundestages und überträgt damit seine Rechte an diese Mandatsträger. Hierdurch ist das Parlament von herausragender Bedeutung in unserer Demokratie. Da der Bundestag die Bundesregierung bestimmt und kontrolliert sowie die Gesetze beschließt, ist er die grundlegende politische Kraft in unserer Demokratie.

Opposition und Fraktionen

S. 68/69

Wie wird die Regierung kontrolliert?

Lösungshinweise zu den Arbeitsvorschlägen

Kopiervorlage
„Was ist was?"
aj6tz9

AV 1
Schülerarbeit nach der aktuellen Zusammensetzung des Deutschen Bundestages

AV 2
Die Fraktionen organisieren die Arbeit der Abgeordneten der einzelnen Parteien im Parlament. In vorherigen Abstimmungen entscheiden sie darüber, ob ein Gesetzesvorschlag in den Bundestag eingebracht werden soll. In den Fraktionen der verschiedenen Parteien wird darüber diskutiert, welche Ziele angestrebt und welche Entscheidungen getroffen werden müssen. Es werden auch Absprachen darüber gehalten, wie im Parlament abgestimmt werden soll.

AV 3
Während die Opposition die Kritik und die Kontrolle der Regierung in der Regel öffentlich macht, findet die fraktionsinterne Kontrolle der die Regierung tragenden Fraktionen – meistens im Vorfeld – überwiegend hinter geschlossenen Türen statt. Dennoch ist dies eine häufig geübte und effektive Kontrolle, die die Parlamentarier ausüben und mit deren Hilfe sie zugleich die Regierungsarbeit in gewünschte Richtungen bewegen können.

AV 4
Die Opposition hat die Aufgabe, das Handeln der Regierung kritisch zu begleiten. Sie wird – zumeist öffentlich – auf Fehlentscheidungen und Fehlentwicklungen aufmerksam machen. Die Kritik sollte möglichst konstruktiv sein. Deshalb ist es zugleich Aufgabe der Opposition, selbst Alternativvorschläge zu erarbeiten, für diese zu werben, um ggf. eine Mehrheit dafür zu bekommen.

AV 5
Art. 38, Abs. 1 GG besagt, dass Abgeordnete nur ihrem Gewissen unterworfen sind und an Aufträge und Weisungen nicht gebunden sind. Dies stößt in der Realität oft an Grenzen, da die Abgeordneten fast ausschließlich über ihre jeweiligen Parteien in den Bundestag eingezogen sind und sie damit rechnen müssen, dass sie bei der nächsten Wahl nicht mehr als Kandidaten aufgestellt werden oder einen schlechten Listenplatz erhalten, wenn sie zu oft die Fraktionsdisziplin vermissen lassen und „quer schießen". So wird durchaus von etlichen Politikern die Meinung vertreten, dass die deutsche Demokratie eine Parteiendemokratie sei und die jeweils gewählten Abgeordneten zuerst Parteimitglieder seien, also die Politik der Partei mit ihrer Mitgliedschaft vertreten und sie eben als solche Parteimitglieder zum Kandidaten gekürt und schließlich gewählt wurden. Entsprechend dieser Argumentation, unterliegen der Freiheit des Abgeordneten die scheinbaren Grenzen der Fraktionsdisziplin.
Diskussion: Individuelle Lösungen der Schülerinnen und Schüler

AV 6
Die fraktionsinterne Kontrolle findet meistens vorab in den Fraktionen der Regierungsparteien statt. Die Regierung muss, will sie erfolgreich arbeiten, ihre Ziele und Wege daraufhin abklären, ob sie innerhalb der sie tragenden Fraktionen eine Mehrheit erreichen können. Fraktionsinterne Debatten werden nicht immer öffentlich oder, wenn ja, dann möglichst abgemildert der Öffentlichkeit vorgetragen. Ziel der Opposition ist es dagegen, ihre Kritik öffentlich vorzutragen, auch um sich den Wählern als geeignete Alternative darzustellen. In ihrer Effektivität dürften sich beide Kontrollfunktionen nichts nehmen. Allerdings wird die fraktionsinterne Kontrolle die übergeordneten Gestaltungsziele eher nicht berühren. Die Opposition wird auch an diesen Zielen Kritik üben, da sie die Interessen der anderen Parteien – und Wähler – vertritt.

S. 70/71

Parteien im Wettbewerb

Sind Parteien wirklich notwendig?

Lösungshinweise zu den Arbeitsvorschlägen

AV1
Parteien haben (auch per Gesetz) genau festgelegte Aufgaben:
Sie sollen in der Öffentlichkeit Probleme und ihre diesbezüglichen Lösungsvorschläge darstellen. Sie sollen sich an der Meinungsbildung der Bürgerinnen und Bürger beteiligen, die aktive Teilnahme der Menschen am politischen Leben fördern und entsprechend geschulte Kandidatinnen und Kandidaten für die Wahlen in den Gemeinden, Ländern und im Bund aufstellen.
Die Parteien finanzieren sich aus Spendengeldern, Mitgliedsbeiträgen und staatlichen Mitteln.

AV 2
Pro staatliche Förderung:
- Die Übernahme gesetzlich verpflichtender Aufgaben rechtfertigt eine Förderung.
- Kleine Parteien würden benachteiligt, wenn sie sich nur durch Spenden finanzieren müssten.
- Eine mögliche Abhängigkeit (Einflussnahme) von den Spendern wird verhindert.
- Parteien erhalten staatliche Unterstützung und sind deshalb verpflichtet, ihre Finanzen offenzulegen.
- Die Verringerung des Risikos der Bestechung führt zu mehr Transparenz (Bürgerinnen und Bürger erkennen, welche Abhängigkeiten bestehen).

Kontra staatliche Förderung:
- Der Staat wird zum Selbstbedienungsladen für die Parteien (Abgeordnete bestimmen im Bundestag über die Höhe der staatlichen Zuschüsse).
- Wären die Parteien nur auf Spenden und Beiträge angewiesen, würden sie sich viel mehr am Willen der Bürgerinnen und Bürger orientieren.
- Große Parteien werden bevorteilt, da Spenden steuerlich absetzbar sind - und große Parteien erhalten viel mehr Spenden.
- Bekämen Parteien weniger Geld, würden sie sparsamer damit umgehen.

AV3
Individuelle Lösungen der Schülerinnen und Schüler
Hinweise:
- Die Mitgliederzahlen der verzeichneten Parteien gingen - bis auf die von „Bündnis 90/Die Grünen" - stetig, teilweise dramatisch zurück.
- Die Ursachen für diesen Rückgang werden vor allem darin gesehen, dass die Programmatik der großen Parteien in erster Linie auf die „Mitte" zielt, es also wenig Unterschiede und Profil zwischen den Parteien gab/gibt. Hinzu kommt der Vertrauensverlust, den Parteien und Parteipolitiker in der Bevölkerung hervorgerufen haben. Vor allem jüngere Leute engagieren sich eher in NROs/NGOs, wie „Attac", „Greenpeace", „Amnesty International" und wählen Wege der direkten Einflussnahme über Publizität, die durch die Möglichkeiten des Internet gegeben sind.
- Die Legitimation der Parteien, den großen Teil der Bevölkerung zu vertreten, wird hier deutlich geringer. Die Parteien sind daher aufgefordert, sich nicht nur der „neuen Wege" im Internet zu bedienen, sondern auch die veränderten Kommunikations- und Verständigungsformen ernst zu nehmen.

Formen der Partizipation

S. 72/73

Was wollen die Bürgerinnen und Bürger?

Lösungshinweise zu den Arbeitsvorschlägen

Kopiervorlage „Souveränität des Volkes" 2td5ei

AV1 – AV2

Individuelle Lösungen der Schülerinnen und Schüler

Hinweise:

- Heribert Prantl weist in M 2 darauf hin, dass direkte Demokratie etliche Vorteile hat, diese aber ebenso ein Kontrollorgan benötigt, wie die repräsentative Demokratie das Verfassungsgericht.
- Die Mehrheit ist nämlich nicht gleichzusetzen mit Wahrheit und Verfassungsmäßigkeit der Beschlüsse. Ein Plebiszit kann auch zu Beschlüssen führen, die die Menschenrechte missachten und/oder Minderheiten benachteiligen.
- Ein Plebiszit kann aber auch zum „Ausdruck einer kollektiven Verantwortung für das Gemeinwesen" werden.
- Argumente gegen Plebiszite, mehr direkte Demokratie:
  - Die meisten Probleme sind kompliziert und lassen sich nicht mit einem einfach „Ja" oder „Nein" entscheiden.
  - Den meisten Bürgern fehlt es an den notwendigen Kenntnissen bzw. hinreichendem Sachverstand, um sachgerecht urteilen zu können.
  - Medien, Volkstribune oder aktuelle Ereignisse können die Entscheidungen der Bürgerinnen und Bürger massiv beeinflussen.
  - Manche Entscheidungen sind unbequem für die Bürgerinnen und Bürger und werden deshalb abgelehnt. Auf diese Weise werden notwendige bzw. sinnvolle Maßnahmen verhindert.
- Argumente für Plebiszite, mehr direkte Demokratie:
  - Bürgerinnen und Bürger übernehmen Verantwortung in ihrer Gesellschaft, für ihren Staat.
  - Sie bringen kreative Vorschläge und Lösungen ein.
  - Sie kennen ihre Nöte und Interessen besser als viele Parlamentarier.
  - Die Politikverdrossenheit wird gemindert, da sich die Bürgerinnen und Bürger nicht mehr ohnmächtig fühlen und aktiv mitgestalten können.
  - Besonders Jugendliche beteiligen sich gern direkt an konkreten Problemlösungen.
  - Persönliche Beziehungen, Lobbyisten oder gar Bestechungen von Berufspolitikern spielen eine deutlich geringere Rolle.

S. 74/75

Die Politik und das Internet

Ist mehr Partizipation möglich?

Lösungshinweise zu den Arbeitsvorschlägen

AV 1

Durch das Internet haben die Bürgerinnen und Bürger die Möglichkeit, sich in Echtzeit an der Politik zu beteiligen. So bekommt man Informationen aus erster Hand und erfährt, welche Positionen Abgeordnete zu einem bestimmten Thema haben oder welchen Standpunkt sie zu einer geplanten Maßnahme vertreten. Die Bürgerinnen und Bürger können direkt über Twitter und Co. mit ihren Abgeordneten kommunizieren und erhalten so mehr Einblicke in viele politische Abläufe. Auch die Politiker bekommen die Möglichkeit der Bürgeransprache, an die früher nicht zu denken war. Mit den neuen Partizipationsmöglichkeiten wird die Politik auch schnelllebiger. Meinungen können innerhalb von Stunden gebildet und wieder verworfen werden. Die politischen Debatten werden anspruchsvoller, weil die Bürger mit Hilfe des mobilen Internets falsche Zahlen oder Zitate umgehend widerlegen oder entkräften können.

AV 2

Im Wahlkampf spielen statt Parteien und ihrer Programme immer mehr einzelne Politiker die entscheidende Rolle. Man merkt, dass besonders vor Wahlen viele von ihnen im Internet sehr aktiv sind, um sich so für den Wahlkampf zu positionieren. Dabei findet man auf den Internetseiten der Politiker nicht nur Informationen zu aktuell politischen Themen, sondern bekommt auch einen Einblick in die Privatperson oder den Terminkalender. Über Twitter und Facebook äußern sie sich dann auch zu den Wahlkampfthemen und geben den Bürgerinnen und Bürgern Möglichkeiten, Fragen zu stellen.

AV 3

Hinter der Schwarmintelligenz steckt die Idee, dass eine große Masse schlauer ist als ein Einzelner. Mit dem Internet entsteht eine Vernetzung und damit auch eine weltweite Verbindung der Nutzer untereinander. Informationen verbreiten sich damit rasend schnell, vergleichbar mit einem Schneeballsystem. So können viele Menschen an einem Thema arbeiten, ohne dass sie sich jemals wirklich treffen. Dazu wird ihre Arbeit schnell und sehr effizient erledigt. Symbolisch für die Schwarmintelligenz steht die Affäre um den ehemaligen Verteidigungsminister Freiherr zu Guttenberg. Die Schwarmintelligenz hat seine Doktorarbeit in rasender Geschwindigkeit durchleuchtet und sie als Plagiat entlarvt. Normalerweise würde eine solche Arbeit durch eine Prüfungskommission viel Zeit in Anspruch nehmen. Die Masse wurde dadurch zu einem korrigierenden Element.

AV 4

Die Politiker haben durch das Internet die Möglichkeit, mit ihren Wählern in direkten Kontakt zu treten. Sie können sich ein Bild über die Themen machen, die die Menschen bewegen und so ihren politischen Einsatz darauf abzustimmen. Die Wähler geben den Politikern über das Internet eine Rückmeldung zu ihrer politischen Arbeit. Durch diese werden sie in ihrer Tätigkeit bestätigt oder erfahren Kritik und können so ihre Arbeit selbst reflektieren. Damit bekommt der Ausspruch „Politik für und durch die Bürger" eine neue Bedeutung.
Durch das Internet können sich aber auch Nachteile für die Politiker ergeben.
Wenn die Bürgerinnen und Bürger umfassende und lückenlose Informationen über einen Politiker einfordern, könnte dieser zu einem „gläsernen" Politiker werden. Zu einer bestimmten Gruppe getroffene Aussagen würden dann zum Stolperstein in der politischen Kariere führen. Wenn also politische Personen unter solch extremer Beobachtung stehen, könnte es passieren, dass niemand mehr bereit ist, eine politische Aufgabe oder ein Amt zu übernehmen.

AV 5

Individuelle Lösungen der Schülerinnen und Schüler

Der Einfluss von Interessengruppen

S. 76/77

Sind heimliche Strippenzieher am Werk?

Lösungshinweise zu den Arbeitsvorschlägen

Kopiervorlage
„Lobbyisten am Werk"
hv5w6z

AV 1
Individuelle Lösungen der Schülerinnen und Schüler

AV 2
Individuelle Lösungen der Schülerinnen und Schüler
Hinweise:

- Beispiele für Pro-Argumente: Es gehört zur Demokratie, dass Interessengruppen ihre Meinungen und Positionen in die Diskussion einbringen. Es ist wünschenswert, dass sich Menschen für bestimmte Interessen engagieren. Bürgerinitiativen für oder gegen eine Maßnahme sind wichtiger Teil der direkten Demokratie.
- Beispiele für Kontra-Argumente: Nicht alle Interessen werden mit gleicher finanzieller Kraft vertreten. Fachleute von finanzstarken Verbänden kennen sich oft besser in ihrer Materie aus als Politiker. Aber niemand kann sich darauf verlassen, dass die Politiker von ihnen objektiv und umfassend beraten werden. Verbände mit viel Geld können ihren Einfluss viel leichter geltend machen als Verbände, die wenig Geld zur Verfügung haben. Zudem gibt es die Gefahr der „schwarzen Schafe": Lobbyisten, die sich Politiker „kaufen" (vgl. M 4).
- Viele interessante – zumeist kritische – Hinweise finden sich im Blog des Vereins „Lobbycontrol". Der Verein über sich und seine Ziele:

„Über uns"
Lobbyisten arbeiten in Ministerien mit, Arbeitgeberkampagnen wie die Initiative Neue Soziale Marktwirtschaft geben sich als bürgernahe Reformbewegungen, Abgeordnete bekommen dubiose Nebeneinkünfte – navigieren Sie mit uns durch die Grauzonen der Politik! LobbyControl ist ein gemeinnütziger Verein, der über Machtstrukturen und Einflussstrategien in Deutschland und der EU aufklären will. Wir setzen uns ein für Transparenz, eine demokratische Kontrolle und klare Schranken der Einflussnahme auf Politik und Öffentlichkeit […]"

Quelle: LobbyControl, in: https://www.lobbycontrol.de/initiative/ (Zugriff: 26.06.2014, 11:54 Uhr)

S. 78/79

Vertiefung: Mitbestimmung in der Arbeitswelt

Wo endet die demokratische Teilhabe?

Lösungshinweise zu den Arbeitsvorschlägen

AV 1
Die Karikatur von Jupp Wolter aus dem Jahr 1981 will – karikierend zugespitzt – darauf aufmerksam machen, dass in Unternehmen durchaus noch Strukturen vorhanden sind, die mit Demokratie wenig zu tun haben. Sie zielt darauf ab, dass den Arbeitnehmern, die Teil des Unternehmens sind, Mitbestimmungsrechte zustehen. Sie sollten nicht – wie in den Anfangsjahren der Industrialisierung oder in manchen Ländern noch heute – lediglich Befehlsempfänger sein, die im Betrieb keine Mitspracherechte in Hinblick auf Löhne, Arbeitszeit, Urlaub, betriebliche Alterssicherung, Arbeitsschutzmaßnahmen, Absicherung im Krankheitsfall etc. haben. Die Forderungen nach (mehr) Mitbestimmung gehen aber noch darüber hinaus, da sich viele Arbeitnehmer als Teil des Betriebes sehen und für dessen Interessen und Prosperität mit verantwortlich sein wollen (vgl. auch AV 2)

AV 2
Der Auszug aus dem Artikel zeigt drei verschiedene Positionen:
a) Die Position von Unternehmern und Verfechtern der freien Marktwirtschaft sieht die gesetzliche Mitbestimmung als systemfremd an, weil sie das legitimierte Eigentumsrecht, das freie Vertragsrecht (die Arbeitnehmer unterstellen sich freiwillig den Weisungen und werden im Gegenzug für ihre Leistungen entlohnt) und die Leitungsbefugnis einschränke. Letzteres führe zu unflexiblen Entscheidungen, die kurzfristigen Entscheidungen nicht gerecht werden könnten.
b) Die Position der Gewerkschaften sieht die Notwendigkeit einer Gleichberechtigung von Kapital und Arbeit, da die Arbeitnehmer bei Arbeitsplatzverlust durch Managementfehler in ihrer Existenz deutlich bedrohter seien als die Kapitaleigner.
c) Das Grundgesetz nimmt mit Artikel 14, Abs. 2 die Eigentümer deutlich in die Pflicht: „Eigentum verpflichtet. Sein Gebrauch soll zugleich dem Wohle der Allgemeinheit dienen." Dem entspricht die Entscheidung des Bundesverfassungsgerichts, das in der gesetzlichen Mitbestimmung keinen das Grundgesetz (Recht auf Eigentum) verletzenden Eingriff sieht, da das Letztentscheidungsrecht bei den Anteilseignern bliebe.

AV 3
Übereinstimmungen finden sich in der Beurteilung der Notwendigkeit eines demokratischen Austausches zwischen beiden Parteien im Rahmen der Mitbestimmung, der Notwendigkeit der Zusammenarbeit und des gegenseitigen Respekts, sowie der Anerkennung, dass alle – wenn auch aus unterschiedlichen Beweggründen – das gleiche Ziel haben: das Unternehmen profitabel auszurichten und zu erhalten.
Unterschiede finden sich in der Beurteilung des Engagements. Dabei ist auffällig, dass sowohl der Arbeitgebervertreter als auch der Arbeitnehmervertreter das Engagement der Arbeitnehmervertreter im Sinne positiver Perspektiven für das Unternehmen als häufig höher angesehen wird.
M 4 macht deutlich, dass die Arbeit der Betriebsräte und der Arbeitnehmervertreter in den Mitbestimmungsgremien von der deutlichen Mehrzahl der Arbeitnehmer wie auch der Arbeitgeber positiv bewertet wird.

AV 4
Individuelle Lösungen der Schülerinnen und Schüler

Kapitel 4

S. 80-105

Soziale Gerechtigkeit und gesellschaftliche Ungleichheit

Leistungskontrolle
Bausteine zur Leistungsüberprüfung
tz5b54

Didaktische Hinweise
Verkürzte Behandlung des Kapitels
ge5x5w

Didaktische Intention und roter Faden durch das Kapitel

Die Auseinandersetzung mit den Inhalten des Kapitels soll den Schülerinnen und Schülern einerseits den Blick auf die historischen und institutionellen Hintergründe und Probleme des Sozialstaats öffnen und diesen als politisch umstritten und gestaltet begreifen. Sie sollen andererseits sich selbst im Netz des Sozialstaats verorten und für sich die Frage nach Chancengleichheit, nach erwarteter gesellschaftlicher Solidarität und Förderung wie auch individueller Verantwortung beantworten können.
Es werden Fragen sozialer Ungleichheit und sozialer Gerechtigkeit vor dem Hintergrund der Entwicklung und Problematisierung des Sozialstaats thematisiert. Dabei wird sich dem Thema mit drei Herangehensweisen angenähert: einer historischen, einer institutionell-systemischen und einer auf der Individual- bzw. Gruppenebene ansetzenden handlungstheoretischen.
Die historische Perspektive beschreibt die Entstehung des Sozialstaats kontinentaler Prägung (Pflichtversicherungslösung) und dessen schrittweise Aufgabenerweiterung: von der anfänglichen Existenzsicherung bei Arbeitslosigkeit oder Arbeitsunfähigkeit über die staatliche Selbstverpflichtung, zur Verwirklichung von Chancengleichheit - oder Chancengerechtigkeit - aktiv beizutragen, bis hin zum Schutz und der Förderung bestimmter Gruppen, die traditionell benachteiligt werden. Wichtig ist die Erkenntnis, dass die soziale Frage und damit die Sozialstaatsfrage - je nach den Herausforderungen der Zeit - immer wieder neu gestellt werden und die möglichen Antworten politisch umstritten sind. Die institutionell-systemische Perspektive blickt auf das institutionelle Geflecht aus rechtlichen Grundlagen, implementierenden Verwaltungen und spezifischen politischen Maßnahmen, durch die (umstrittene) Vorstellungen von sozialer Gerechtigkeit, sozialem Ausgleich und solidarischer Hilfe umgesetzt werden sollen - einschließlich der finanziellen Implikationen. Die individuelle bzw. Gruppenebene wird angesprochen, wo es um die Frage der Durchsetzung von Interessen einerseits und die Eigenverantwortung für die persönliche Zukunftssicherung andererseits geht.

Hinweise zum Einstieg

Die Auftaktdoppelseite spricht am Beispiel des Friseurs - zunächst schlecht bezahlter Angestellter, dann selbstständig; kann nun besser leben, auch weil er sich um seine soziale Absicherung keine Gedanken macht - bereits eine ganze Reihe von Aspekten des Sozialstaats an. Angesichts der geringen Neigung von Jugendlichen und jungen Erwachsenen, sich frühzeitig mit Fragen der sozialen Sicherung zu beschäftigen, bieten diese Eingangsseiten die Möglichkeit, zu sensibilisieren und Interesse zu wecken. Im Laufe des Kapitels werden die Fragen und Probleme des Sozialstaats dann systematisch behandelt, indem historische Hintergründe und situative Bedingungen beleuchtet werden, das institutionelle soziale Netz dargestellt und auf seine Zukunftsfähigkeit hin überprüft wird. Zudem werden Fragen des sozialen Ausgleichs, der sozialen Gerechtigkeit und auch der individuellen Absicherung entfaltet. Die Frage nach dem Zustand des Sozialstaats, den Herausforderungen, vor denen er steht, und nach möglichem Reformbedarf, die bereits am Anfang auf S. 81 gestellt wird, bietet sich an, zunächst inhaltlich und Hypothesen bildend aufgefächert zu werden. Nach dem Durcharbeiten aller - oder der meisten - der folgenden Doppelseiten am Ende des Kapitels wird diese erneut aufgegriffen und mit Materialien unterfüttert und vertieft.

S. 82/83

Die sozial(politisch)e Frage

Wie kam sie auf die Tagesordnung?

Lösungshinweise zu den Arbeitsvorschlägen

AV1

Die Bildinterpretation könnte als knapper Einstieg in das Thema gestaltet werden. Dabei muss man von der heimelig-gemütlichen Farbstimmung abstrahieren und zum Kern kommen, zum Beispiel, indem man die Situation mit einer heutigen Behandlung beim Arzt vergleicht. Als Merkmale im Bild könnten herausgearbeitet werden:
- ein Arzt speziell für Arme, die nicht genug Geld für einen Privatarzt haben (Bildtitel),
- keine Trennung von Behandlungsraum und Wartezimmer, auch von der Straße kann jeder reinschauen, sodass keine Intimität gewährleistet ist,
- lange Warteschlange,
- offenbar kaum medizinische Ausstattung,
- wenig Respekt für die Gruppe von Kranken, denn sie müssen bei der Untersuchung stehen, während der Arzt sitzt.

In einer Erweiterung könnte man den Bezug zur Gegenwart herstellen und fragen, ob es auch heute noch Armenärzte gibt – als Beispiel Freiwilligenärzte/-ärztinnen und -pfleger/innen für Obdachlose.

AV2

Ausgangsbedingungen/Ursachen:
1. Industrielle Revolution mit Folgen für Produktion (Mechanisierung, Fabrikarbeit, Massenfertigung),
2. Starkes Bevölkerungswachstum,
3. Ausbeutung der Arbeitskraft – auch von Kindern – im ungezügelten Kapitalismus, weitgehende Schutzlosigkeit der Arbeitskräfte,
4. Verstädterung, d.h. Konzentration der Bevölkerung in Städten bei mangelhaftem Wohnraum und unhygienischen Lebensverhältnissen,
5. Wachsende Armut und Verelendung weiter Bevölkerungskreise.

Auswirkungen/politische Folgen:
1. Unzufriedenheit in der Arbeiterschaft führt zu deren Organisation (Arbeitervereine, Gewerkschaften, Parteien), politischem Widerstand und der Forderung nach Umsturz oder sozialstaatlicher Reformpolitik.
2. Exzessive Ausbeutung der Arbeiterschaft führt zur langfristigen Schwächung der Arbeitskraft/Produktivität.
3. Sozialstaatliche Reformen der Regierung führen zur Befriedung der Arbeiterschaft und Schwächung von Arbeiterparteien.

Hinweis: Mehr zur Industrialisierung in **Anstöße Politik** S. 46 (Erklärungen), siehe auch Online-Code.

Linktipp
Industrielle Revolution
zb6gu4

Linktipp
Sozialstaatsentwicklung
r5pp4t

AV3

Die Absicherung existenzieller Lebensrisiken (soziale Sicherung) werden in späteren Jahrzehnten quantitativ sowie qualitativ ausgeweitet und ergänzt durch die Forderung nach Chancengleichheit bzw. Chancengerechtigkeit sowie durch spezielle Rechte von Gruppen (Arbeitsrecht, Mitbestimmung, Tarifautonomie) und Schutzvorschriften sowie Diskriminierungsverbote gegenüber bestimmten Gruppen (Kinder- und Jugendschutz, Arbeitnehmer- und Arbeitsschutz, Verbraucherschutz, Gleichberechtigung der Geschlechter, Diskriminierungsverbot wegen religiöser Orientierung, Schutz und Förderung von Behinderten, ...) k25g2e

AV 4

Vor- und Nachteile einer „reinen (= ungezügelten) Marktwirtschaft"		
Ausgangsbedingungen	**Potenzielle Vorteile**	**Potenzielle Nachteile**
– Jeder ist nur für sich bzw. für seine Familie verantwortlich. – Eigentümer können unbeschränkt über ihr Eigentum verfügen. – Völlige Vertragsfreiheit: Vertragsbedingungen werden von den Vertragspartnern ausgehandelt (z. B. Lohn und Arbeitsbedingungen zwischen dem einzelnen Arbeitgeber und dem einzelnen Arbeitnehmer). – Angebot und Nachfrage nach Sachgütern und Dienstleistungen treffen am Markt aufeinander. – Der Preis für Produktionsfaktoren (Natur, Kapital, Arbeit) sowie produzierte Sachgüter und Dienstleistungen hängt von Angebot und Nachfrage am Markt ab. – Minimalstaat, der lediglich die innere und äußere Sicherheit garantiert, Eigentum schützt und die Einhaltung von Verträgen sicherstellt. – Niedrige Steuern und Abgaben	– Individuelle Freiheit steht im Mittelpunkt. – Hoher Leistungsanreiz aus Eigennutz – Extreme Leistungsgesellschaft bzw. Leistungsfähigkeitsgesellschaft (einschließlich finanzieller Leistungsfähigkeit) – Starker Anreiz/Zwang zu arbeiten, falls nicht anderweitiges Einkommen zur Verfügung steht. – Anreiz, ein möglichst hohes Einkommen zu erzielen – Potenziell große wirtschaftliche Dynamik, weil jeder (fast) alles von dem behalten darf, was sie/er erwirtschaftet. – Potenziell hohes Wirtschaftswachstum	– Durchsetzung des Stärkeren (Vermögenderen, Wissenderen, Mächtigeren) – Keine systematische Rücksicht auf Schwächere (in der Arbeitswelt, in der Gesellschaft) – Keine soziale Absicherung – Kein sozialer Ausgleich (Umverteilung, Ausgleich von Benachteiligungen) – Zunehmende Spaltung der Gesellschaft in einkommens-/vermögensreiche und arme Schichten mit der Folge faktischer Ungleichverteilung von Freiheit und Lebenschancen – Rücksichtslose Ausbeutung von Natur und Umwelt, sofern nicht individuelle Interessen für deren Schutz sprechen – Gemeinwohlbelange und öffentliche Aufgaben nicht oder unzureichend berücksichtigt

AV 5

Individuelle Lösungen der Schülerinnen und Schüler

Hinweis: Auf der Grundlage von Tabelle M 2 können die unterschiedlichen Tätigkeitsfelder des modernen Sozialstaats mit Beispielen sozialstaatlicher Maßnahmen konkretisiert werden.

Kopiervorlage „Tätigkeits-/Aufgabenfelder des modernen Sozialstaats" k25g2e

AV 6

Um diese Diskussion vorzubereiten, könnte eine Arbeitsgruppe zunächst die Vor- und Nachteile einer sozialen Marktwirtschaft analog zum tabellarischen Vergleich der Vor- und Nachteile einer „reinen Marktwirtschaft" erarbeiten. Beide Tabellen bilden dann die Grundlage für die Klasse, um zu diesen beiden Wirtschaftsordnungen Stellung zu nehmen. Frage: Was bedeuten die unterschiedlichen Ordnungen für konkrete Lebens- und Arbeitssituationen, Familie und Freundeskreis eingeschlossen? Man kann auch kontrafaktisch fragen: Wie sähe die konkrete Lebenssituation ohne Sozialstaat aus?

Alternative: AV 6 hier zurückstellen und im Zusammenhang von „Pro" und „Kontra" Sozialstaat (→ S. 94/95) behandeln.

S. 84/85

Die neue soziale Frage heute

Wege aus Armut und Benachteiligung?

Lösungshinweise zu den Arbeitsvorschlägen

AV 1a

Zunächst ist die Antwort der werdenden Mutter überraschend, denn die Frage zielt eher auf das Geschlecht des Kindes. Die Antwort der Mutter bezieht sich aber auf die Lebensumstände und Zukunftsaussichten. Wünschen sich Eltern für ihre Kinder normalerweise nicht eine gute Zukunft und meist auch mehr Erfolg im Leben, als ihnen selbst vergönnt war? Wieso also diese für Eltern untypische Erwartung? Dafür könnte es verschiedene Erklärungen geben:
1. Die Frau hat vielleicht schon ältere Kinder, deren bisherige Schulleistungen keinen Beruf erwarten lassen, der ein gutes Einkommen ermöglicht.
2. Die Frau sieht in ihrem Umfeld, dass Kinder, die in ihre soziale Schicht hineingeboren werden, kaum Chancen haben, der Armut oder dem Armutsrisiko zu entrinnen.
3. Der Zeichner legt absichtlich der Frau eine Prognose in den Mund, die sich vielen sozialwissenschaftlichen Untersuchungen zur sozialen Mobilität – hier der intergenerationalen Mobilität – entnehmen lässt: Der soziale Aufstieg vor allem aus Armutsverhältnissen in eine ökonomisch gesicherte Position kommt weniger häufig vor, als man annehmen möchte, ist schwierig und bedarf großer Anstrengung. Zu diesen Studien gehören auch die sogenannten PISA-Studien, die zeigen, dass Schulerfolg und Bildungsabschlüsse sehr stark von der sozialen Herkunft geprägt sind.
Sehr vereinfachend: Schulerfolg ist zu einem guten Teil „vererbbar" (mindestens ein Elternteil hatte einen hohen Schulabschluss) oder „kaufbar" (gut betuchte Eltern können ihren Kindern zum Beispiel Nachhilfeunterricht ermöglichen, Sprachaufenthalte im Ausland etc.). Schulerfolg wiederum bedeutet in der Regel, dass man nicht arm bleibt oder wird.

AV 1b

Der Text M 2 weist auf folgende Punkte hin:
- Chancengleichheit existiert nicht, weil soziale Herkunft nach wie vor in einem hohen Maße über die Zukunft entscheidet.
- Die Höhe der beruflichen Qualifikation entscheidet zum großen Teil über spätere Erfolgsaussichten und Chancen, nicht in Armut zu leben.
- Niedrige Qualifikation erhöht das Armutsrisiko trotz Arbeit.
- Migrantenkinder sind in der Regel besonders benachteiligt.

Besonders betroffen sind z. B. Kinder in Elternhäusern
- mit besonders niedrigem Einkommen (dazu gehören häufig Arbeitslosen- und Alleinerziehendenhaushalte),
- in denen Eltern wegen eigener geringer Ausbildung Kindern schulisch nicht helfen können,
- in denen Eltern keine Zeit für ihre Kinder haben oder sich nehmen,
- die als Migranten in Deutschland leben und zudem finanzielle Schwierigkeiten und sprachliche Probleme haben,
- die in sogenannten Problemvierteln leben, in denen es schwierig ist, einen fördernden Freundeskreis zu finden.

(M 4, S. 85 zu Bildungsabschlüssen und M 4, S. 89 zu Armutsrisiken)

Linktipp
Kapitel 7 des Datenreports 2013
27dy36

AV 2

Sieht man in dem Ideal der Chancengleichheit die große, umfassende sozialpolitische Herausforderung des modernen Sozialstaats, nachdem der alte Sozialstaat die existenziellen Risiken weitgehend abgesichert hat, dann weisen die Texte von Esping-Andersen vor allem auf die folgenden Aufgaben hin: Es sollte in das Humankapital der Kinder – in deren intellektuelle Entwicklung, deren Bildung und Ausbildung – investiert werden, damit deren Lebenschancen erhöht und einander angeglichen werden. Durch die höhere Produktivität der qualifizierten jungen Generation eröffne sich zugleich die Möglichkeit, die zunehmende Zahl der Älteren (demografischer Wandel) ausreichend zu versorgen. Zudem erscheint es wichtig, eine Ausbildungsförderung gerade auch Migrantenkindern zukommen zu lassen, um deren Bildungsnachteile auszugleichen und sie damit auch besser in die Gesellschaft zu integrieren.

AV 3

Atilla Korkmai

Er musste vor allem die widrigen Umstände in seiner Familie (Vater verlässt die Familie, als er 5 Jahre alt ist, alleinerziehende Mutter ohne Autorität und gesicherte berufliche Position) und auch sein Desinteresse an der eigenen Zukunft überwinden. Geholfen hat ihm dabei offenbar die Zuneigung zu einer Freundin, mit der er sich eine gemeinsame Zukunft vorstellen kann. Das hat ihn wachgerüttelt und jetzt beginnt er, sich Gedanken über seine Zukunft zu machen. Aber es ist absehbar, dass sein Weg steinig sein wird und er noch manche Hürde wird überwinden müssen.

Melda Akbas

Sie ist ein Beispiel für gelungene soziale Mobilität. Sie muss als Ausländerin zwar gegen Vorurteile ankämpfen und hat einen Vater ohne Hauptschulabschluss. Aber sie hat Eltern, die wissen, wie wichtig eine gute Ausbildung für das spätere Leben ist und die das ihrer Tochter offenbar auch vermitteln konnten. Entsprechend motiviert und ehrgeizig ist sie – für sich und offensichtlich auch für ihre Eltern. Denn sie möchte, dass die Eltern einmal stolz auf sie sind. Es ist absehbar, dass sie das Abitur schaffen wird, aber auch auf dem weiteren Bildungs- und Berufsweg könnte sie als Türkin noch gegen Vorurteile anzukämpfen haben.

Beide Lebensläufe sind so oder so ähnlich auch bei Jugendlichen ohne Migrationshintergrund vorstellbar. Aber mit Migrationshintergrund sind die Hürden meist noch ein Stück höher.

AV 4a

Die Qualifikationsstruktur von Neuzuwanderern (2008/2009) hat sich im Vergleich zu der von früheren Migrationsgenerationen – die Zahlen hier enthalten alle Einwohner mit Migrationshintergrund – umgekehrt. Die neuen Zuwanderer haben ein weitaus höheres Qualifikationsniveau als die früheren, der Anteil der hochqualifizierten ist sogar höher als in der Bevölkerung ohne Migrationshintergrund. Die hier vorliegenden Zahlen, die natürlich nichts über die zukünftige Entwicklung sagen können, deuten jedoch darauf hin, dass zunehmend höher qualifizierte Menschen nach Deutschland kommen.
Und das entspricht ja auch dem Bedarf der deutschen Wirtschaft an gut qualifizierten Arbeitskräften. Diese neuere Wanderungsbewegung hat auch damit zu tun, dass angesichts der Wirtschaftsprobleme in vielen Ländern innerhalb und außerhalb Europas auch höher Qualifizierte in ihren Heimatländern keine (adäquate) Beschäftigung finden.

AV 4b

Ausgehend von der Feststellung in M 3, dass höhere Arbeitsproduktivität notwendig ist, um den demografischen Wandel sozialstaatlich zu bewältigen, können höher qualifizierte Arbeitskräfte produktivere, höherwertige (= höhere wirtschaftliche Wertschöpfung) Arbeit verrichten, die auch höhere Löhne und Gehälter rechtfertigt. Auf diese Weise werden höhere Sozialbeiträge und Steuern generiert und diese erleichtern die Finanzierung sozialstaatlicher Aufgaben auf vergleichsweise hohem Niveau trotz demografischen Wandels (zunehmende Alterung der Gesellschaft). Voraussetzung dafür ist allerdings, dass diese höher Qualifizierten eine adäquate Arbeitsstelle mit entsprechender Bezahlung finden und die Produktivitätsgewinne nicht durch einen Anstieg der Arbeitslosigkeit an anderer Stelle zunichte gemacht werden.

S. 86/87

Vertiefung: Gewinnt, wer gut organisiert ist?

Der Einfluss von Organisationen

Lösungshinweise zu den Arbeitsvorschlägen

AV1

Im sogenannten korporatistischen Modell sind es auf der Kapitalseite die Unternehmen und die sie repräsentierenden Verbände, auf der Arbeitnehmerseite die Gewerkschaften (für die Beamten speziell der Beamtenbund), welche als hoch organisierte, mächtige Akteure gegenüber Parlament, Regierung und Verwaltung die Interessen ihrer Mitglieder wirkungsstark vertreten – und das ständig, nicht nur bei Wahlen. Alle Nichtorganisierten oder schwer Organisierbaren sind die Verlierer in diesem großen Interessendurchsetzungsspiel.
Wie einflussreich eine soziale oder sozio-ökonomische Gruppe ist, hängt davon ab, welches Stör- und Drohpotenzial sie entwickeln kann. M1 und M2 zählen beispielhaft solche Gruppen auf: kinderreiche Familien, alleinstehende Mütter, alte Menschen, Behinderte, Langzeitarbeitslose, Kurzarbeiter, Einwandererkinder, generell arme und als solche sozial isolierte Menschen. M2 weist darauf hin, dass arme Menschen meist isoliert leben und keine homogene Gruppe darstellen. Ihnen fehlt das Zusammengehörigkeitsgefühl und der Stolz, die die Stärke der Arbeiterklasse im 19. und frühen 20. Jahrhundert ausmachte.

AV2

M4 erinnert an die Bedeutung von Wahlen und daran, dass Regierungsparteien wiedergewählt und Oppositionsparteien eine Regierungsmehrheit erringen wollen. Folglich haben solche Gruppen, die ein großes Wählerpotenzial darstellen, zumindest indirekt Einfluss, weil Parteien von vorneherein auf ihre Interessen Rücksicht nehmen. Beispiel: die wachsende Gruppe der Rentnerinnen und Rentner sowie derer, die bald in Rente gehen. Wer gegen die Interessen großer Wählergruppen Politik macht, wird abgewählt (Beispiel: die SPD-geführte Regierung unter Kanzler Schröder, 1998–2005, die einschneidende Renten- und Arbeitsmarktreformen, zumindest vordergründig „gegen" Rentner und Arbeitnehmer durchführte).

AV3

Auch M5 relativiert die Aussage von M1: Die großen Interessenverbände sind selten völlig homogen zusammengesetzt. So gibt es in den Gewerkschaften einen Interessengegensatz zwischen gut verdienenden Facharbeitern und hoch spezialisierten Angestellten auf der einen und sehr niedrig vergüteten, wenig qualifizierten oder auch arbeitslosen Arbeitnehmern auf der anderen Seite. Auf der Arbeitgeberseite sind die Einzelinteressen der Mitgliedsunternehmen auch nicht identisch. Es gibt Interessenunterschiede zwischen Branchen, zwischen großen, mittleren und kleinen Unternehmen, zwischen solchen in strukturschwachen und strukturstarken Regionen etc.

AV4

In der Fotomontage M1 sind einige Gruppen/Aktionen dargestellt, die bereits auf unterschiedliches Einflusspotenzial dieser Gruppen schließen lassen. Speziell im Hinblick auf Interessenverbände soll nun versucht werden, deren unterschiedliches Durchsetzungspotenzial zu bestimmen. Der VT gibt bereits einige Hinweise auf Einflussfaktoren.
Für die Gruppenarbeit werden zwei Angebote gemacht:

Kopiervorlage
„Verbände"
n98e5b

Linktipp
Lobbyliste
5u9k9k

1. Es gibt eine Kopiervorlage, in der ausgewählte Verbände nach unterschiedlichen Faktoren in einer Tabelle eingeschätzt (kodiert) werden können – natürlich immer nur näherungs- und schätzungsweise.
2. Für die Auswahl der Verbände werden in der Kopiervorlage Vorschläge gemacht, die aber beliebig erweitert oder ausgetauscht werden können – etwa anhand der Lobbyliste des deutschen Bundestages.

Bevor die Arbeitsgruppen die Auswertung der Kopiervorlage vornehmen – jede Gruppe kann einen Teil der ausgewählten Verbände bearbeiten – sind natürlich die Kriterien (Einflussfaktoren) zu diskutieren. In den Kopiervorlagen sind mögliche Kriterien bereits vorgegeben, können aber verändert und ergänzt werden. Nach der Auswertung sind die Auswertungsergebnisse in der Klasse zu erläutern und zu bewerten, zunächst evtl. auch einzelne Kodierungen zu begründen und zu diskutieren. Wichtig: Bisweilen fallen solche Einschätzungen schwer oder sind nach vorhandener Datenlage unmöglich. Das sollte man kennzeichnen. Hier lässt sich auch sehr gut eine Methodendiskussion anschließen, die deutlich machen sollte, wie schwierig und bisweilen unzuverlässig in den Aussagen solche Auswertungen sind.

Die Bearbeitung von AV 4 kann sehr viel Zeit in Anspruch nehmen – je nachdem, wie ausführlich man diese methodisch anspruchsvolle Aufgabe angeht. Steht nur wenig Zeit zur Verfügung, kann man die Diskussion auch auf eine direkte Grobeinschätzung ausgewählter Verbände verkürzen, um anschließend die Frage zu diskutieren, was man alles untersuchen müsste, um sich ein einigermaßen verlässliches Bild von dem Einflusspotenzial und der Macht von Verbänden zu machen.
Am Ende der Diskussion könnte man das folgende Strukturbild als eine Art Zusammenfassung der Einflussstruktur zeigen und das Gelernte in dieser Struktur verankern. Dieses Strukturbild bezieht sich auf Lobbying und Interesseneinfluss speziell gegenüber Parlament, Regierung und Verwaltung. Inhaltlich lässt es sich auch im Zusammenhang mit den Seiten 44, Thema: Lobbyismus; 118 f., Thema: Medienmacht; 62, Thema: Wahlen, einsetzen.

Einflusskanäle für Interessen gegenüber Politik und Verwaltung

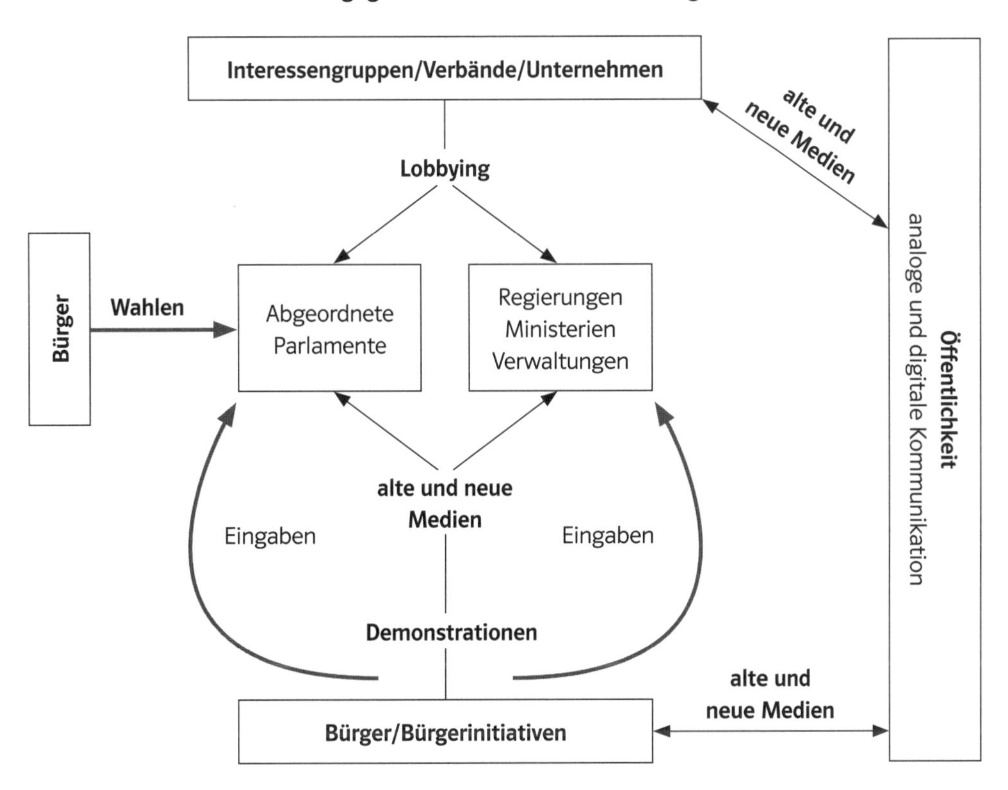

S. 88/89

Armut in einem reichen Land

Was heißt und was bedeutet arm?

Lösungshinweise zu den Arbeitsvorschlägen

AV 1

Dieser Arbeitsvorschlag steht hier umfassend an erster Stelle, er kann aber auch als abschließende Bestandsaufnahme und Zusammenfassung eingesetzt werden. Beginnt man mit diesem AV, dann wird als Ergebnis der Kleingruppenarbeit und Klassendiskussion vermutlich ein breites, vielfältiges, zum Teil diffuses, zum Teil sehr konkretes Bild oder Kaleidoskop von Armut und Armen entstehen. Dieses kann dann in der weiteren Behandlung der Doppelseite und Arbeitsvorschläge überprüft, präzisiert und strukturiert werden. Als abschließender AV wäre die Aufgabe, aus den vorliegenden Detailaspekten und Einzelfragen der Doppelseite in einer Zusammenfassung ein strukturiertes Gesamtbild zu entwerfen.

AV 2

Konkreter Ausgangspunkt des Gedichts sind Obdachlose/Arme, denen wir zumindest auf den Plätzen großer Städte, in und um Bahnhöfen, Einkaufszonen etc. auf Schritt und Tritt begegnen. Es ist die Perspektive eines Obdachlosen, der die an ihm vorbeiströmende Wohlstandsgesellschaft zum einen als eine Bedrohung sieht: Sie wollen ihn verjagen, wie eine Sache entsorgen, in Ghettos, ins Abseits schieben. Andererseits versetzt er sich in die Angehörigen dieser Wohlstandsgesellschaft und fragt, warum sie Angst vor Obdachlosen haben, warum sie als Gefahr, als Belästigung angesehen werden. Seine Antworten, Vermutungen: Obdachlose machen Schmutz, ihr Anblick verstört, weil dieser daran erinnert, wie brüchig diese Wohlstandsgesellschaft ist und wie leicht Menschen aus der Bahn geworfen werden können. Obdachlose verursachen ein schlechtes Gewissen, weil sie die Gesellschaft an eine Menschenpflicht erinnern, aus christlicher Sicht an das Gebot der Nächstenliebe. Und sie fordern auf: Sucht Kontakt zu uns, sprecht mit uns, damit ihr versteht, wie man in eine solche Situation wie die unsrige kommen kann.
Zudem ist der Vorwurf enthalten, dass die anderen die Würde der Obdachlosen und Armen nicht achten. Man könnte hier noch einen Bogen zu Artikel 1 des Grundgesetzes schlagen: „Die Würde des Menschen ist unantastbar." Der Vorwurf ist dann, dass wir mit unserem Verhalten gegenüber Obdachlosen und Armen generell dem Gebot des Grundgesetzes – das allerdings in diesem Artikel die staatliche Gewalt bindet – als Gesellschaft tagtäglich zuwiderhandeln.
An die Interpretation des Gedichts könnte sich eine Diskussion anschließen, die die Probleme benennt und diskutiert, mit diesen Menschen Kontakt aufzunehmen und ihnen zu helfen.

AV 3

Folgende Punkte könnten eine Rolle spielen:
- mangelnde Integration in die Gesellschaft,
- gesundheitliche Entwicklungsprobleme wegen ungesunder Ernährung,
- schlechtere schulische Leistungen als unter normalen Bedingungen,
- geringere Qualifikation und schlechtere Arbeitsmarktchancen M 2, S. 35,
- höheres Arbeitslosigkeits- und Armutsrisiko.

AV 4

Dieser AV kann zusammen mit AV 3 behandelt werden. M 3, erster Absatz, konkretisiert die Problematik anhand der Familiensituation einer Alleinerziehenden (geringes Gehalt, dann Arbeitslosigkeit, Verschuldung, schulische Isolierung des Sohnes; Unmöglichkeit, selbst einfache Wünsche zu erfüllen). Der zweite Absatz gibt ein (extremes) Beispiel, was passieren kann, wenn die schulische Qualifikation komplett misslingt, aber auch, dass es wieder Wege aus der Misere gibt.
Um der Armut bzw. ihrer prekären Lebenssituation zu entrinnen, könnten beide mehr in ihre eigene Qualifizierung investieren – zum Teil mit der Möglichkeit staatlicher Unterstützung – und damit ihre Chancen am Arbeitsmarkt verbessern: Daniela Lehmeier evtl. in eine Fortbildung oder Umschulung und Patrick in eine berufliche Ausbildung.

AV 5

Besonders armutsgefährdete Gruppen: Arbeitslose, Alleinerziehende, Einpersonenhaushalte, Familien mit drei und mehr Kindern, Personen mit geringer Qualifikation, 18–24-Jährige, unter 18-Jährige. Hinzuweisen ist darauf, dass es Personen/Haushalte gibt, auf die mehrere der angegebenen Merkmale gleichzeitig zutreffen – z. B. arbeitslos und alleinerziehend, etc.

Die Diskussion um mögliche Gründe sollte klarmachen, dass man sich angesichts fehlender Daten hier im Bereich der Vermutungen bzw. Hypothesen bewegt und für diese erst noch empirische Bestätigung oder Widerlegung suchen müsste.

Zum relativen Armutsbegriff:

Sinnvoll:

- Erlaubt es, den Armutsbegriff anhand konkreter Verteilungsdaten (z. B. Einkommensverteilung in einer Gesellschaft) festzumachen.
- Ermöglicht die Einteilung der Gesellschaft in Einkommensgruppen und so die Abbildung einer auf Einkommensverhältnisse bezogenen Sozialstruktur (Maß für soziale Ungleichheit in einer Gesellschaft).
- Erlaubt in Grenzen einen Vergleich mit anderen Gesellschaften.

Schwächen:

- Zielt nur auf die finanzielle Versorgung ab und berücksichtigt nicht andere Faktoren, die die materielle Versorgung beeinflussen: Regionen mit hohen bzw. niedrigen Lebenshaltungskosten; Stadt-Land-Unterschiede; Möglichkeit, in einem Garten Lebensmittel anzubauen, etc.
- Berücksichtigt keine immateriellen Güter, die die Lebensqualität ebenfalls beeinflussen und nicht oder nur zum Teil kaufbar sind (Zuneigung, Freundschaft, Lebensumwelt, mögliche Aktivitäten in der Natur, in der städtischen Umwelt, ...).
- Die individuellen Bedingungen der Zufriedenheit/Unzufriedenheit spielen ebenfalls eine Rolle: Denn ein vergleichsweise wenig begüteter, genügsamer Mensch kann sich zufriedener/weniger arm fühlen als ein wohlhabender Mensch, der sich ständig an denen misst, die mehr haben als er, sich diese höheren Ansprüche aber nicht erfüllen kann.

S. 90/91

Das soziale Netz in Deutschland

Wie gut sind wir versorgt?

Lösungshinweise zu den Arbeitsvorschlägen

AV1

Die Antworten auf diesen AV lassen sich direkt aus der Tabelle ablesen:
- In den Spalten sind die Versicherungsarten unterschieden.
- In den Zeilen die Art der Leistungen einerseits, die Finanzierung in Form von Beiträgen andererseits. Zugleich wird darauf hingewiesen, wer wie viel von den Beiträgen zu bezahlen hat (S. 92, M1, wo die Beitragssätze und konkreten Beiträge für eine individuelle Arbeitskraft beispielhaft angegeben und berechnet werden). Wichtig ist der zusätzliche Hinweis, dass die Sozialversicherungsbeiträge der ersten vier Versicherungsarten auf der Basis des sozialversicherungspflichtigen Bruttogehalts berechnet werden.

Aktualisierung von M2, S. 91
Reform der Krankenkassenfinanzierung:
Vom 1. Januar 2015 an wird der Beitragssatz auf 14,6% gesenkt, Arbeitnehmer und Arbeitgeber zahlen jeweils 7,3%.
Die einzelnen Krankenkassen können von ihren Mitgliedern (nur Arbeitnehmer) Zusatzbeiträge verlangen, wenn deren finanzielle Situation das erfordert. Damit soll der Wettbewerb zwischen den Kassen verstärkt werden.
Reform der Pflegeversicherung:
Vom 1. Januar 2015 an erhöht sich der Beitragssatz um 0,3% auf 2,08%.
Ab 2017 könnte eine Erhöhung um weitere 0,2% folgen, um zusätzliche Pflegegründe (z.B. Demenz) stärker zu berücksichtigen.

AV2

Bei der Gestaltung des Lebensstrahls müssen die Elemente der Unterstützungsleistungen zeitlich angeordnet werden. Ausgehen sollte man von M4, das sich leicht erschließen lässt, weil dort bereits ein erster chronologischer Zugang geliefert wird. Die Schülerinnen und Schüler sollten darauf hingewiesen werden, dass Leistungen nicht nur punktuell in Anspruch genommen werden. Auf dem Lebensstrahl sollten diese Leistungen über den längst möglichen Zeitraum eingetragen werden. Für die Aufgabe sollte man mindestens eine Unterrichtsstunde einplanen, sofern alle Elemente im Detail aufgenommen werden.

AV3

In der Familie kennt man die, denen man hilft, und es gibt so etwas wie eine von den meisten Menschen empfundene moralische Verantwortung, einem hilfsbedürftigen Familienmitglied unter die Arme zu greifen. Das geht bis dahin, dass ein oder mehrere Familienmitglieder praktisch ihr eigenes Leben einsetzen, um zum Beispiel einen pflegebedürftigen Angehörigen lebenslang zu pflegen.
Solidarität im Sozialstaat oder in einer Versicherung ist anonym: Man kennt diejenigen nicht, denen geholfen wird und hat auch – abgesehen von der Beitragszahlung – nichts mit der Hilfe zu tun. Es ist dies nicht eine natürliche Verpflichtung wie in der Familie oder unter Freunden, sondern eine gesetzliche Verpflichtung oder vertragliche Abmachung, die man eingeht. Diese Solidargemeinschaft hat kein von gesellschaftlichen Werten und Normen getragenes Fundament, sondern wird bewusst geschaffen.
Subsidiarität sieht vor, dass die Menschen ihre sozialen Probleme zunächst selbst bewältigen sollen, dann mit Hilfe ihrer Familie, evtl. auch mit Hilfe von Freunden oder wohltätigen Einrichtungen. Erst wenn diese Möglichkeiten ausgeschöpft sind, soll der Staat helfend eingreifen. Ein Argument, das für dieses Prinzip spricht, ist die Entlastung der Gemeinschaft von sozialen Aufgaben (M3 und Marginalie).

Mögliche positive Auswirkungen:
- Der Zusammenhalt in Familie, Freundeskreis, Nachbarschaft könnte gestärkt werden.
- Die Menschen würden von sich aus besser vorsorgen.
- Die Beiträge für die Sozialversicherungen könnten sinken und die Mittel der Versicherungsgemeinschaft schweren Fällen vorbehalten bleiben.

Mögliche negative Folgen:
- Die strenge Anwendung des Subsidiaritätsprinzips kann für einen Betroffenen den sozialen Abstieg bedeuten, in den er eventuell auch seine Verwandtschaft hineinzieht.
- Hilfsbedürftige können durch ihre Familien oder die Verwandten auch vernachlässigt oder schlecht behandelt werden, weil diese überfordert oder verantwortungslos sind (siehe Beispiele für die Verwahrlosung oder sogar Misshandlung von Kindern, z.T. mit Todesfolge).

AV 4

Die noch zu hinterfragende Aussage der Karikatur: Das soziale Netz wird durch die Arbeitnehmerinnen und Arbeitnehmer (die arbeitende Bevölkerung) selbst getragen und finanziert. Die Karikatur richtet sich gerade mit dem Bild der Hängematte gegen diejenigen, die das soziale Netz als übertriebene Versorgung und als Anreiz zum Faulenzen verunglimpfen. Die Karikatur weist darauf hin, dass die Bürgerinnen und Bürger ein Recht auf dieses soziale Netz haben, da sie es im Wesentlichen durch ihre Beiträge und durch Steuern selbst finanzieren. Dies gilt allerdings in erster Linie für die sozialversicherungspflichtig Beschäftigten. Die soziale Sicherung von Beamten, Richtern und Berufssoldaten wird dagegen überwiegend vom Staat, d.h. von allen Steuerzahlern, übernommen. Sie sind außerdem durch Unkündbarkeit vor dem Risiko der Arbeitslosigkeit geschützt. Die Karikatur überspitzt und übertreibt allerdings: Wie bereits in M 2 deutlich geworden ist und auf der Doppelseite 92/93 zur Finanzierung des Sozialstaats noch deutlicher wird, gibt es unterschiedliche Finanzierungsquellen: die sozialversicherten Arbeitnehmer und freiwillig Versicherten, die Arbeitgeber und den Staat (alle Steuerzahler).

S. 92/93

Die Kosten des Sozialstaats

Wer zahlt wie viel?

Lösungshinweise zu den Arbeitsvorschlägen

AV1a bis AV1c
Arbeitnehmerin
Bruttolohn: 1977,00 €
Sozialversicherungen: 403,81 €, Steuern: 242,45 €, Steuern und Sozialversicherungen: 646,26 €
Sozialversicherungsanteil: 20,43 %; Steuern und Sozialversicherungen: 32,69 %
Arbeitgeber
Gezahlter Bruttolohn: 1977,00 €
Sozialversicherungen: 411,91 €,
Sozialversicherungsanteil: 20,84 %, Personalkosten: 2.388,91 €

AV2a, AV2b
Sozialbudget: Finanzierung und Leistungen 2013 in Mrd. Euro, gerundet
Zahlen aus M4, S. 93

Einnahmen insgesamt	853	Anteil in %
Arbeitgeber	291	34,11
Versicherte (überw. Arbeitnehmer)	258	30,25
Staat (Steuerzahler)	291	34,11
Ausgaben insgesamt	**776**	**Anteil in %**
Krankheit	267	34,41
Alter	254	32,73
Kinder	81	10,44
Arbeitslosigkeit	33	4,25
Wohnen	16	2,06

Linktipp
Sozialbericht 2013
5zg5ah

AV3
Für die Lösung sollten die ausführlicheren Daten des Sozialberichts 2013, speziell Tabellenanhang T1, Tabelle I-1, S. 234, sowie die Grafik auf S. 173 herangezogen werden.
Die Sozialleistungsquote wird als Anteil der jährlichen Sozialausgaben am jährlich erwirtschafteten Bruttoinlandsprodukt berechnet. In dem betrachteten Zeitraum, der mit dem ersten vollen Jahr des wiedervereinigten Deutschland beginnt, schwankt der Wert zwischen 25,9 % (1991) und 31,5 % (2009) – aus Platzgründen enthält die Tabelle nicht alle Jahresdaten, diese sind jedoch ausführlich im Sozialbericht 2013 enthalten.
Für die Schwankungen im Laufe der Jahre können ganz unterschiedliche Gründe vorliegen:
Konjunkturelle Schwankungen: Bei guter Wirtschaftskonjunktur sinken die Sozialleistungen (z. B. weniger Arbeitslose, weniger Kurzarbeiter damit weniger Arbeitslosengeld, Arbeitslosenhilfe und Kurzarbeitergeld), während das BIP vergleichsweise kräftig steigt – Folge: die Sozialleistungsquote sinkt. Bei schlechter Wirtschaftskonjunktur ist es genau umgekehrt (Platzen der sogenannten dot.com-Blase 2000; internationale Banken- und Finanzsystemkrise in den Jahren 2008 ff.). Meist gibt es eine Verzögerung von etwa einem Jahr, bis sich ein Wirtschaftsauf- bzw. -abschwung in der Sozialleistungsquote niederschlägt.
Veränderungen in der Sozialgesetzgebung: Leistungen können erhöht oder reduziert, der Empfängerkreis kann erweitert oder verkleinert werden; entsprechend steigen oder sinken die Sozialausgaben:
- Einführung der sozialen Pflegeversicherung und Neuordnung des Familienlastenausgleichs in den Jahren 1995 und 1996 (Anstieg der Ausgaben),
- Integration der neuen Länder in das Sozialversicherungssystem der Bundesrepublik Deutschland (Anstieg der Sozialleistungsquote),
- Mit den Agenda 2010-Reformen (2002 – 2005) wurden einige Sozialleistungen beschnitten; die Sozialleistungsquote fiel bis 2007 auf 27,8 % (Diese Jahreszahl ist in der Tabelle nicht enthalten, jedoch im Sozialbericht 2013.).

Änderungen in der Statistik: Seit 2009 werden die Ausgaben der Privaten Krankenversicherung in die Sozialleistungsstatistik integriert, was die Vergleichbarkeit mit den Vorjahren erschwert.
Die genannten Faktoren können zum Teil gleichzeitig wirken und sich gegenseitig aufheben oder verstärken.

AV 4
Man kann die Klasse in zwei Gruppen einteilen. Die eine stellt die Pro-Argumente zusammen, die andere die Kontra-Argumente. Beide Gruppen sollten in einer Pro- und Kontradiskussion jeweils die eigenen Argumente vortragen und zu begründen versuchen, während die jeweils andere Gruppe diese Gründe zu entkräften versucht. In einem dritten Schritt könnte gefragt werden, wie man mögliche negative Auswirkungen des Sozialstaats auf die Wirtschaft durch die konkrete Gestaltung sozialstaatlicher Maßnahmen verhindern könnte.
Ergebnis der Diskussion kann die Schlussfolgerung sein, dass es von der konkreten Ausgestaltung des Sozialstaats (Finanzierungs- und Leistungsseite) abhängt, wie er sich auf die Entscheidungen der wirtschaftlich Handelnden und damit die wirtschaftliche Entwicklung auswirkt.
Es ist auch denkbar, dass bei dieser komplizierten Frage zwei externe Fachleute als kontroverse Diskutanten eingeladen werden. Die Klasse sollte sich jedoch auf diese Diskussion intensiv vorbereiten, um gezielt Fragen stellen und die Argumente der externen Fachleute beurteilen zu können.

Linktipp
Erweiterung AV 4
5ac3hi

Kopiervorlage
„Pro und Kontra Sozialstaat"
6p33ve

S. 94/95

Pro und Kontra Sozialstaat

Wie viel Soziales ist genug?

Lösungshinweise zu den Arbeitsvorschlägen

AV1

Die drei Aufgaben des Sozialstaates sind die Herstellung sozialer Sicherheit, die Schaffung sozialen Ausgleichs und die Sorge für soziale Teilhabe.
Bei der sozialen Sicherheit verpflichtet sich der Staat, die Bürgerinnen und Bürger vor sozialen Risiken zu schützen, wie z. B. vor den Folgen von Arbeitslosigkeit. Dazu wurde die Arbeitslosenversicherung geschaffen.
Der soziale Ausgleich erfolgt zum Teil innerhalb der gesetzlichen Versicherungen und über die Steuern. Wer mehr verdient, soll höhere Beiträge in die gesetzlichen Versicherungen – z. B. die gesetzliche Krankenkasse – einzahlen und über progressive Steuern einen größeren Beitrag dazu leisten, staatliche Aufgaben zu finanzieren. Aus den Steuern werden z. B. die Schulen und deren Personal bezahlt, die dann von alle Schülerinnen und Schülern besucht werden können, unabhängig von ihrer sozialen Herkunft und finanziellen Situation.
Bei der sozialen Teilhabe sorgt der Staat dafür, dass einkommensschwache Bürgerinnen und Bürger oder Familien, Menschen mit Behinderungen und benachteiligte sowie diskriminierte Gruppen die Möglichkeit bekommen, am sozialen Leben vollwertig teilzuhaben. Damit soll das Ziel der Chancengleichheit angestrebt werden. Beispiele dafür sind die Ausbildungshilfe nach dem Bundesausbildungsförderungsgesetz (BAföG), die jedem jungen Menschen seine angestrebte Ausbildung ermöglichen soll, die aufgrund der individuellen finanziellen Möglichkeiten sonst nicht erreicht werden könnte. Zudem gibt es Integrationshilfen für behinderte Menschen, Sprachförderung für ausländische Migranten, Diskriminierungsverbote aus religiösen, weltanschaulichen oder politischen Gründen, wegen Geschlechterzugehörigkeit oder der sexuellen Orientierung etc.

AV2

Die Karikatur zeigt zwei Männer, die auf einer Parkbank sitzen und sich streiten. Der Ältere, ein Rentner, beschwert sich bei dem Jüngeren darüber, dass seine Rente gekürzt wird, da jener nicht arbeitet. Der Jüngere argumentiert dagegen und behauptet, dass er keine Arbeit findet, weil die Kosten für die Rentenbeiträge die Anzahl der Arbeitsstellen reduziert haben. Hintergrund des Streits ist das System der gesetzlichen Rentenversicherung. Der Rentner beruft sich dabei auf den Generationenvertrag. Die arbeitende Bevölkerung finanziert die Renten der Rentenempfänger. Dazu wird ein bestimmter Teil des Lohns in die Rentenkasse eingezahlt. Arbeiten weniger Menschen, so fallen auch die Einnahmen der Rentenkassen geringer aus. Aber auch der junge Mann liegt mit seiner Argumentation nicht falsch. Die Arbeitgeber sind vom Gesetz her dazu gezwungen, den gleichen Teil des Rentenbeitrags des Arbeitnehmers als Lohnnebenkosten ebenfalls an die Rentenkasse abzuführen. Die steigenden Rentenkosten erhöhen auch die Kosten für den Arbeitgeber und damit die Personalkosten im Unternehmen. Das führt dazu, dass Unternehmen evtl. weniger Personal einstellen und stattdessen rationalisieren oder Arbeitsplätze ins Ausland verlagern, um bei den Personalkosten zu sparen. Dadurch gibt es weniger Arbeitsplätze. Eine Teufelsspirale entsteht, auf die der Karikaturist hinweisen möchte.

AV3

Die beiden Thesen stellen zwei gegensätzliche Standpunkte zum Thema Sozialstaat und Armut in Deutschland dar. In der These „Zukunft des Sozialstaates" behauptet Christoph Butterwegge (M 2), dass Deutschland kein zu großzügiger Sozialstaat sei. Seine These bekräftigt er mit der steigenden Armut in Deutschland, die sich aber nicht mit dem demografischen Wandel erklären lasse. Seiner Meinung nach sind es nicht die fehlenden Babys, die dem Sozialstaat fehlen, sondern u. a. die Beitragszahler. Deshalb fordert er, dass auch Selbstständige, Freiberufler und Beamte in die gesetzlichen Sozialkassen einzahlen sollten. Auch seien noch nicht alle Potenziale ausgeschöpft worden. Butterwege fordert eine konsequentere Bekämpfung der Arbeitslosigkeit, eine Erhöhung der Frauenerwerbsquote und eine Erleichterung der Zuwanderung. Nur so kann seiner Meinung nach der Sozialstaat stabilisiert werden. Leistungskürzungen seien hier der falsche Weg und ein Rückschritt in der Sozialpolitik.

Die Situation des Sozialstaates sieht Hans Olaf Henkel (M 3) völlig anders. Seiner Meinung nach bietet die Bundesrepublik zu viel soziale Sicherheit an und entmündigt damit die Bürgerinnen und Bürger, selbst für ihre soziale Sicherheit zu sorgen. Er geht sogar noch weiter, indem er den Wirtschaftswissenschaftler David Ricardo zitiert und behauptet, dass die Sozialversicherungen Menschen zu deren Missbrauch einladen würden. (Butterwegge bestreitet in M 2 einen solchen Sozialleistungsmissbrauch in größerem Umfang.) Die steigende Armut in Deutschland soll seiner Ansicht nach nur das Ergebnis falsch erhobener oder interpretierter Statistik sein. Mit solchen künstlichen Skandalsierungen der sozialen Situation wollten Sozialpolitiker und die an sozialen Diensten Verdienenden nur ihre eigenen Jobs und Einkommensquellen sichern. Außerdem erlaube dies ihnen, immer mehr Sozialleistungen zu fordern und die bestehenden Verhältnisse zu kritisieren.
Hinweise: Zur Diskussion über Sinn, Zweck und Folgen sozialstaatlicher Sicherungssysteme kann zusätzlich auf AV 4, S. 93 zurückgegriffen werden. Auch die Diskussion über Solidarität und Subsidiarität (→ S. 90/91) kann hier eingebunden werden.

AV 4

Individuelle Lösungen der Schülerinnen und Schüler
Hinweis: Zur Vorbereitung des Hearings können Fragen zu verschiedenen Aspekten gestellt werden, die den Schülerinnen und Schülern dabei helfen, ihre Argumente zum Thema „Wie viel Sozialstaat ist genug?" bzw. „Pro und Kontra Sozialstaat" zu strukturieren. Vier solcher Aspekte werden in der Tabelle im Online-Code in Frageform angeboten; sie können natürlich verändert und erweitert werden. Die Beispielargumente im Online-Code können als Impulse zu den einzelnen Gliederungsfragen genutzt werden.
Soll ein Hearing mit externen Teilnehmern/Kontrahenten veranstaltet werden, dann müsste darauf geachtet werden, dass man Personen einlädt – zwei oder drei –, die für kontroverse Positionen bekannt sind und von denen man annehmen kann, dass sie auf Fragen und Argumente eingehen und sachlich diskutieren können.
Im Falle eines solchen Hearings mit Externen, kann die Kopiervorlage des Online-Codes als Vorbereitungshilfe dienen.

Kopiervorlage zu AV 4
„Wie viel Sozialstaat ist genug?"
9vd45v

S. 96/97

Umbau oder Abbau des Sozialstaats?

Die Agenda 2010 und ihre Folgen

Lösungshinweise zu den Arbeitsvorschlägen

AV 1

Der VT beschreibt die Zielsetzungen und nennt wie M 3 und M 4 Problempunkte, die mit der Reform angegangen werden sollten (Höhe der Lohnnebenkosten, Wachstumsschwäche; Verschiebebahnhof zwischen Bundesagentur für Arbeit und Kommunen; Vernachlässigung von Sozialhilfeempfängern bei Arbeitsförderung und Jobsuche; soziale Ungerechtigkeit der bisherigen Arbeitslosenhilfe). Die Kernpunkte der Reform können aus der Zusammenstellung in den Erklärungen entnommen werden.

AV 2

Kritikpunkte: Abbau des Sozialstaats; Zunahme von Armut und Armutsrisiko mit absehbarer Zunahme von Altersarmut; Zunahme prekärer Arbeitsverhältnisse (Teilzeitarbeit, Leiharbeit) und schlecht bezahlter Jobs (Ein-Euro-Jobs, Mini-Jobs); schlechte, depressive Stimmung in Teilen der Bevölkerung, Abstiegsängste (Abstiegsängste in der Mittelschicht)
Positive Einschätzungen: Umbau des Sozialstaats, Senkung der Lohnnebenkosten, Stärkung internationaler Wettbewerbsfähigkeit; Flexibilisierung des Arbeitsmarkts und Förderung Arbeitsloser; Zusammenlegung von Arbeitslosengeld II und Sozialhilfe, Hilfe für alle bei Jobsuche, intensivere Betreuung und Förderung; mehr Geld für Sozialhilfeempfänger

AV 3

Die Agenda-Politik löste heftige Kritik im linken Spektrum der Politik und bei Gewerkschaften aus, führte zu wöchentlichen Demonstrationen in vielen größeren Städten und zu einer schlechten Stimmung im Land. In der Folge wird vor allem die SPD als größere Regierungspartei bei Wahlen abgestraft und verliert ihre Regierungsmehrheit im Bund. Es folgt eine Austrittswelle aus der SPD und die Etablierung einer Partei links von der SPD (Parteienentwicklung: PDS/Linkspartei + WASG zu Die Linke). Zudem kommt es zu einer Reformstarre der Parteien aus Angst vor Wahlniederlagen.

AV 4

Mögliche Agenda 2020: Investitionen in Infrastruktur (Transport, Kommunikation, Bildung, Forschung); Förderung von Frauen im Beruf; bessere Integration von Einwanderern; stärkere Förderung von Familien mit Kindern
Geringe Chancen für Reformpolitik: Entfremdung zwischen Volk und Politik; Angst der Politik vor unpopulären Reformen
Argumente für Reformstarre (zusätzlich zu M 5):
- Angst der Bevölkerung vor weiteren Zumutungen, vor sozialem Abstieg,
- Schwierigkeit, der Bevölkerung komplizierte Zusammenhänge und Gesetzesvorschläge zu erklären,
- Gefahr des Aufstiegs populistischer Parteien mit Fundamentalkritik, groben Vereinfachungen und einfachen Rezepten,
- Angst von Politikern vor dem Verlust von Amt und Macht ...

Mögliche Gegenargumente:
- positive Auswirkungen von Reformpolitik auf wirtschaftliches Wachstum,
- Abbau von Arbeitslosigkeit, Schaffung qualifizierter Jobs etc. - könnten Reformpolitik wieder populärer machen,
- Politiker, Parteien und auch Medien wären in der Lage, Problemsituationen, vorgeschlagene Maßnahmen und Alternativen verständlicher und unaufgeregter zu erklären,
- gegnerische politische Parteien wären zu einer sachlicheren und respektvolleren Auseinandersetzung fähig und ermöglichten so eine weniger aufgeregte öffentliche Diskussion,
- in Schulen und über Medien könnte mehr politische Aufklärung betrieben werden, damit Bevölkerung und Wähler sich eine umfassendere Meinung bilden können ...

Heute schon an morgen denken?

S. 98/99

Wenn die gesetzliche Rente nicht mehr reicht

Lösungshinweise zu den Arbeitsvorschlägen

AV 1

Gründe für die Unterschiede:

- Frauen verdienen im Durchschnitt weniger als Männer – bei gleicher Arbeit.
- Sie arbeiten häufiger Teilzeit, in weniger gut bezahlten Jobs und bekleiden im Vergleich zu Männern seltener höhere Positionen.
- Sie haben aufgrund der Kindererziehung größere Lücken in der Erwerbsbiografie und gehen häufig früher in Rente.
- Es gibt große Unterschiede zwischen Rentnerinnen in West- und Ostdeutschland: Die höheren Renten der Frauen in Ostdeutschland erklären sich durch die längeren Zeiten der Erwerbstätigkeit der Frauen in der ehemaligen DDR (Förderung der Frauenbeschäftigung, z. B. durch ganztägige Kinderbetreuung schon im Babyalter).

Kopiervorlage
„Rentenberechnung"
9x2245

AV 2

Die Antwort kann direkt aus dem VT abgelesen werden, wo mögliche Einkommensquellen im Alter aufgelistet sind. Es sollte darauf hingewiesen werden, dass die Zahl derer beschränkt ist, die über erhebliche zusätzliche Einnahmequellen verfügen – sonst gäbe es nicht so viele Arme oder von Armut gefährdete alte Menschen.

Zusätzlich könnte man noch fragen, welche dieser zusätzlichen Einnahmequellen einen Bezug zum Sozialstaat haben bzw. haben können:

- Betriebsrente (vom Staat steuerlich gefördert),
- Private Rentenversicherung (vom Staat steuerlich gefördert oder als vermögenswirksame Leistung subventioniert),
- Einkommen aus Ersparnissen bzw. Vermögen (z.T. staatlich geförderte Vermögensbildung; staatlich gefördertes Wohneigentum etc.),
- Grundsicherung im Alter (Sozialhilfe) falls das Einkommen aus allen Einkommensquellen nicht ausreicht, um das Existenzminimum abzusichern.

AV 3

- Ansparen von Geld (z. B. Banksparplan, wo das Geld sicher angelegt werden kann, es allerdings auch wenig Zinsen bringt, die bisweilen kaum oder nicht die Inflationsrate ausgleichen; höhere Rendite möglich, wenn staatliche Förderung eingebunden wird),
- Private Rentenversicherung (z. B. Riester-Rente mit staatlicher Förderung, M 3), die ab einem bestimmten Jahr (meist Renteneintrittsalter vertraglich vereinbart) eine lebenslange Rente garantiert.
- Kapital-Lebensversicherung (Garantieverzinsung der Prämienzahlungen; aktuell sehr niedrig, aber sicher), Anlage der Einzahlungen auch in Fonds von Aktien und/oder festverzinslichen Anleihen möglich (riskanter aber möglicherweise lukrativer); am Ende der Laufzeit kann der Wert der Kapitallebensversicherung in einer Summe oder auch als lebenslange Rente ausgezahlt werden.
- Anlage in Aktien und Aktienfonds, festverzinsliche Wertpapiere oder Rentenfonds (bei Fonds auch als Sparplan möglich, je nach Streuung der Anlagen mehr oder weniger risikoreich und rentabel),
- Anlage in Immobilien: Immobilienfonds bzw. direktes Haus- oder Wohneigentum zur Eigennutzung oder Vermietung (mit staatlicher Fördermöglichkeit: Bausparplan mit Bausparprämien, kombinierbar mit Riesterrente),
- Anlage in Edelmetallen, Edelsteinen oder Rohstoffen (Wertentwicklung häufig stark schwankend, besondere Kenntnisse notwendig),
- Anlage in Kunstwerke, Schmuck, Münzen, Briefmarken, etc. (vertiefte Fachkenntnisse notwendig, sonst Gefahr von großen Verlusten).

Linktipps für AV 3 und AV 4
Berechnung der Rentenlücke/Beratung bei der Altersvorsorge
t5mf9d

AV 4

Pro und Kontra Riester-Rente

Kontra (M 2):

- Verzinsung ist gering und wird immer geringer, je niedriger der Garantiezins ist – 2014 nur noch 1,25 %, bei Einführung der Riester-Rente 2002 noch 3,25 %.
- Lebensversicherer kalkulieren die Auszahlungen mit sehr hohen Lebenserwartungen, d. h. die monatlichen Rentenzahlungen sind niedrig und jemand muss sehr alt werden, um überhaupt das Eingezahlte herauszubekommen.
- Z. T. sehr hohe Verwaltungsgebühren der Versicherer schmälern die Rendite.

Pro (M 3):

- Man muss sich den Versicherer genau anschauen: Ein guter Vertrag (keine hohen Abschluss- und Verwaltungsgebühren, nicht so hohe Lebenserwartung in der Kalkulation, traditionell gute Überschussleistungen) + staatliche Förderungen (besonders hoch, wenn man Kinder hat) ergeben eine ordentliche Rendite.
- Normale private Rentenversicherungen werfen weniger ab.
- Besonders günstig, wenn Riester-Rente mit Baudarlehen oder Bausparvertrag kombiniert werden kann.
- Sie ist eine sichere Anlage.
- Besser als der legendäre Sparstrumpf, der gar keine Zinsen abwirft und irgendwann leer ist, während die Riester-Rente lebenslang gezahlt wird.

Worauf bei privater Altersvorsorge zu achten ist:

- Wo kann ich mir unabhängigen Rat holen (z. B. Verbraucherzentralen, Stiftung Warentest, Rentenberater, ...)?
- Höhe der Absicherung: Wie viel brauche ich zusätzlich zur Rente im Alter?
- Mit welchen zusätzlichen Einkünften zur gesetzlichen Rente und welchen Vermögenswerten (z. B. schuldenfreies Haus, Mieteinnahmen) kann ich im Alter sicher rechnen?
- Welchen Betrag sollte ich zusätzlich durch eigene Vorsorgeleistungen absichern, um den gewünschten Lebensstandard halten zu können?
- Wie viel kann ich mir finanziell an Vorsorge leisten, d. h. wie viel kann ich monatlich abzweigen?
- Für welche Vorsorgeprodukte gibt es welche staatliche Förderung bzw. steuerliche Entlastung?
- Wie sicher soll die Anlage sein? Wie viel Risiko bei der Anlage will/kann ich in Kauf nehmen?
- Wieviel voraussichtliche Rendite erwirtschafte ich mit verschiedenen Vorsorgealternativen – d. h. mit welcher lebenslangen Rente bzw. lebenslangen Einkommen kann ich später rechnen?

Linktipp
Rürup-Rente
66zb4n

Zusatzinformation Rürup-Rente

Für Personen – insbesondere Selbstständige, Freiberufler und Gewerbetreibende –, die nicht für die staatlich geförderte Riester-Rente infrage kommen, gibt es die staatlich geförderte Rürup-Rente. Hier gibt es keine staatlichen Zulagen, sondern die Beiträge in eine private, kapitalgedeckte Rentenversicherung können in der Einkommensteuererklärung als Sonderausgaben geltend gemacht werden – bis 2025 nur zu einem bestimmten Prozentsatz – und mindern so das zu versteuernde Einkommen. Grundsätzlich gilt: Je höher der Grenzsteuersatz des Versicherten ist, umso höher fällt die Steuerersparnis aus. Auch Arbeiter, Angestellte und Beamte können von den Steuerersparnissen dieses Modells Gebrauch machen.
Ob sich eine Rürup-Rente lohnt, kann häufig nur ein Steuerberater ermitteln.

Arm trotz Arbeit

S. 100/101

Existenzsicherung durch Mindestlöhne

Lösungshinweise zu den Arbeitsvorschlägen

AV1

Es leuchtet ein, dass das Armutsrisiko mit der Höhe des Stundenlohns sinkt: 25% derjenigen, die unter 5€ in der Stunde verdienen sind armutsgefährdet aber nur 15,7% aller Arbeitnehmer (umfasst sämtliche Stundenlöhne, auch die über 10€).
Gründe, warum immer nur ein Teil der Niedriglohnbezieher armutsgefährdet ist (Auswahl):
- zusätzliche Haushaltseinkommen: z.B. Einkommen anderer Haushaltsmitglieder, staatliche Transferleistungen, Mieteinnahmen, Kapitalerträge, etc.,
- Arbeitssituation: z.B. zusätzliches Arbeitseinkommen durch mehrere Jobs,
- unterschiedliche Lebenssituationen: Ein- oder Mehrpersonenhaushalt, Alleinerziehende, keine vs. viele Kinder etc. (S. 89, M 4)

AV2

Absichten/Ziele hinter der Einführung eines Niedriglohnsektors:
- höhere Beschäftigungschancen in Bereichen, die keine oder nur niedrige Qualifikationen erfordern und/oder in denen die Konkurrenz aus Niedriglohnländern groß ist,
- Erhöhung der Beschäftigtenzahlen (= Abbau von Arbeitslosigkeit),
- mehr Wirtschaftswachstum mit der Folge von mehr Investitionen und mehr Arbeitsplätzen,
- Entlastung der gesetzlichen Sozialversicherungen durch mehr Beitragszahler und weniger Leistungsempfänger (z.B. weniger Arbeitslose = weniger Arbeitslosengeldempfänger; weniger Sozialhilfeausgaben, weil die Bezüge von Niedriglohnbeschäftigten lediglich aufgestockt werden müssen).

Probleme mit Niedriglohnsektor:
- Gefahr des Lohndumpings (Drücken der Löhne), weil Staat aufstockt.
- Selbstwertgefühl der Arbeitenden kann leiden.

Reaktionen:

Der Ruf nach gesetzlichen Mindestlöhnen kam vor allem aus dem linken Spektrum und von den Gewerkschaften, aber auch in der SPD nach der Ära Schröder. Es folgte schließlich eine Vereinbarung zwischen CDU/CSU und SPD im Koalitionsvertrag 2013, in der gemeinsamen Regierung einen flächendeckenden gesetzlichen Mindestlohn einzuführen. 2014 wird dieses Vorhaben von der Großen Koalition umgesetzt:
- Gesetzlicher Mindestlohn für Beschäftigte ab 18 Jahre von 8,50€/Stunde in ganz Deutschland vom 1. Januar 2015 an.
- In Branchen, in denen es allgemeinverbindliche Tarifverträge gibt, darf die Lohnuntergrenze bis Ende 2016 unter 8,50€/Stunde liegen.
- Befristete Sonderregelungen gibt es für saisonale Erntehelfer und Zeitungsausträger.
- Orientierungs- und Pflichtpraktika (Höchstdauer: drei Monate) sind von der Mindestlohnregelung ausgenommen.

AV3

Beispiele für eine Antwort:
- Saisonarbeitskräfte in der Landwirtschaft kommen fast alle aus ausländischen Niedriglohnländern, für die ein deutscher Niedriglohn ein hoher Lohn im eigenen Land ist. Bei landwirtschaftlichen Produkten gibt es große Preiskonkurrenz (billige Einfuhren).
- Grundsätzlich gilt: Je höher die Qualifikation in einem Beruf, je geringer die Konkurrenz um Arbeitsplätze und je produktiver die Arbeit ist (Wertschöpfung), umso höhere Löhne werden gezahlt – und umgekehrt.
- Zu den Fleischern gehören auch die in den Schlachtbetrieben Beschäftigen, die häufig Dumpinglöhne erhalten (z.B. ausländische Arbeitskräfte unter Werkvertrag).
- Tarifverträge der Gewerkschaften: Bei der Aushandlung von Tarifverträgen werden verschiedene Qualifikationsstufen in einer Branche, regionale Unterschiede und auch die Situation weniger profitabler Unternehmen berücksichtigt, um Arbeitsplätze nicht zu gefährden. Immer mehr Unternehmen – besonders in Ostdeutschland – gehören nicht mehr einem Branchen-Arbeitgeberverband an, sind damit nicht tarifgebunden und dürfen

Linktipp
Mindestlohn, Tarifentwicklung und Tarifbindung
g66z6z

ihre Arbeitskräfte unter Tarif bezahlen. Diese Situation berücksichtigen die Tarifparteien (Gewerkschaften und Arbeitsgeberverbände) bei der Aushandlung von Tarifen für die tarifgebundenen Unternehmen.

AV 4
Es gibt stark abweichende Meinungen über die Auswirkungen eines Mindestlohns in bestimmter Höhe auf das Arbeitsplatzangebot. Unsicherheit herrscht auch bei den Arbeitgebern:
- Müssen manche Unternehmen schließen oder die Produktion reduzieren, weil sie nicht mehr konkurrenzfähig sind (kleine vs. größere Unternehmen; einheimische Produkte vs. ausländische Konkurrenzprodukte)?
- Werden Arbeitsplätze wegrationalisiert, d.h. durch Maschinen ersetzt?
- Werden Arbeitsplätze abgebaut und ins Ausland verlagert?
- Werden manche Arbeitgeber den Mindestlohn durch Tricks unterlaufen: illegale unbezahlte Mehrarbeit; Abbau von Normalarbeitsplätzen zugunsten von Minijobs und Werkverträgen?

Angesichts dieser Ungewissheit über die Folgen einer gesetzlichen Regelung lautet die Empfehlung der Wissenschaftler, behutsam vorzugehen, Missbrauch und Tricks zu verhindern und die Erfahrungen auszuwerten. Darauf aufbauend sollten die Maßnahmen gezielt angepasst werden.

Jung gegen Alt?

S. 102/103

Der Generationenvertrag im Stresstest

Lösungshinweise zu den Arbeitsvorschlägen

AV1

Beispiel: Falls die Bevölkerung 2060 eine junge Altersstruktur aufweist, was einen Anstieg der Geburtenziffer, eine nur leichte Zunahme der Lebenserwartung und eine hohe Netto-Zuwanderung voraussetzt (optimistisches Szenario), dann stehen bei einem effektiven durchschnittlichen Renteneintrittsalter von 60 Jahren 100 Personen im Erwerbsalter 82 Rentnerinnen und Rentner gegenüber (Berechnung für 2008: 46), bei einem Renteneintrittsalter von 65 Jahren sind es 60 Rentnerinnen und Rentner (Berechnung für 2008: 34) und bei einem Renteneintrittsalter von 67 Jahren 53 Rentnerinnen und Rentner (Berechnung für 2008: 29).
Folgerung: Selbst bei einer günstigen demografischen Entwicklung müssen 2060 im besten Fall (effektives Renteneintrittsalter 67) zwei Erwerbstätige eine Person im Rentenalter versorgen. 2008 hätten sich in einem solchen günstigsten Fall etwa drei Erwerbstätige diese Versorgungsaufgabe teilen können. Dies zeigt, welche Bedeutung das Renteneintrittsalter, die Entwicklung der Geburtenrate, die Lebenserwartung und die Nettozuwanderung für die Belastung der jeweiligen Erwerbstätigengeneration haben.
Zur Erinnerung: Bei der gesetzlichen Rentenversicherung handelt es sich um einen Generationenvertrag mit Umlageverfahren (Erklärungen S. 102).

AV2

Kritik in M2
- Prognosen über so lange Zeiträume sind unzuverlässig, deshalb wurden vom Statistischen Bundesamt auch mehrere Entwicklungspfade (Szenarien) durchgespielt.
- Die Vergangenheit (20. Jahrhundert) zeigt, dass auch damals die Gesellschaft gealtert ist, trotzdem der Sozialstaat ausgebaut wurde und die Arbeitszeit sogar verkürzt werden konnte.
- Dramatisierung des demografischen Wandels aus Interessegründen: Arbeitsgeber wollen die Lohnnebenkosten senken, private Versicherungswirtschaft ist an einer Privatisierung der Altersvorsorge interessiert (Riester-Rente), Politiker mit Hinweis auf den demografischen Wandel alles rechtfertigen.

Vorschläge in M4
- Die Kinder und Jugendlichen vernünftig ausbilden (gegen Fachkräftemangel).
- Jungen Menschen ordentliche Arbeitsverhältnisse anbieten, damit sie überhaupt eine Familie mit Kindern planen können.

AV3

Die Rentenversicherung steht vor Finanzierungsproblemen, weil
- die Gesellschaft zunehmend altert und immer weniger Erwerbstätige immer mehr Rentnerinnen und Rentner versorgen müssen (Frauen in Deutschland bekommen immer weniger Kinder, die Lebenserwartung steigt, die Zuwanderung jüngerer Menschen ist zu niedrig).
- es nicht genug sozialversicherungspflichtige, d.h. Beiträge zahlende Beschäftigte gibt (zu wenige Frauen sind berufstätig; es gibt nicht genug ausreichend qualifizierte Fachkräfte, um freie Stellen zu besetzen).

AV4

Es geht zunächst darum, die im blauen Feld genannten Veränderungen hinsichtlich ihrer Realisierbarkeit zu diskutieren: Was müsste geschehen, damit die Veränderungen eintreten? Dabei sollte diskutiert werden, welche möglicherweise unerwünschten Konsequenzen bzw. Folgeprobleme diese Veränderungen haben könnten. Schließlich sollte gefragt werden, wie sich diese Veränderungen wahrscheinlich auf die beiden Problembereiche (demografischer Wandel und Generationenverhältnis; finanzielle Situation der gesetzlichen Sozialversicherungen) auswirken werden. Dabei muss klar gemacht werden, dass es sich hier um sehr komplexe Beziehungsgeflechte, Kausalitäten und oft interdependente Systemdynamiken handelt, die nur sehr schwer oder gar nicht vorhergesagt werden können. Ziel der Diskussion kann deshalb nur die Vermittlung eines Problembewusstseins sein.

Kopiervorlage als Erweiterung
„Faktoren, Maßnahmen"
7s987v

S. 104/105

Vertiefung: Freizügigkeit in der EU

Gefährdet Einwanderung den Sozialstaat?

Lösungshinweise zu den Arbeitsvorschlägen

AV 1

Interpretation zu M 1: Einerseits wird mit demonstrativer Symbolik die Fahne Europas neben der der Bundesrepublik drapiert, gleichzeitig wird eine ambivalente Haltung der Behörden (der Deutschen allgemein?) gegenüber Zuwanderern ausgedrückt: Als preiswerte Arbeitskräfte in von Deutschen ungeliebten Berufsfeldern willkommen; wenn sie auf das deutsche Sozialsystem zugreifen wollen, schlägt ihnen Ablehnung entgegen.
Zum VT: Furcht vor Wirtschaftsflüchtlingen und Armutszuwanderung, innerhalb der EU insbesondere mit Blick auf Roma aus Bulgarien und Rumänien, die vergleichsweise gering qualifiziert sind und geringe Chancen haben, hier einen Arbeitsplatz zu finden.
Zu M 2: Juristische Diskussion darüber, ob EU-Ausländer, die zur Arbeitssuche nach Deutschland kommen, von Hartz-IV-Leistungen ausgeschlossen werden können; abwarten auf EuGH-Urteil.
Zu M 4: EU-Kommission vertritt die Ansicht, dass EU-Ausländer nicht automatisch Hartz IV-Leistungen erhalten müssen, dass aber jeder Einzelfall zu prüfen sei; EU-Kommissarin Reding wirft den Deutschen eine gewisse Doppelmoral vor: Sie profitierten mit ihrem starken Export vom Binnenmarkt ohne Grenzen, wollten aber die Freizügigkeit von Personen, die zu den vier Freiheiten des Binnenmarkts gehört, einschränken.

AV 2

Vorteile:
- grenzenloses Reisen ohne bürokratische Formalitäten und Grenzkontrollen möglich,
- erleichterte Möglichkeit, auf Basis der Arbeitsnehmerfreizügigkeit Arbeit in einem anderen EU-Land mit besserem Arbeitsplatzangebot zu finden,
- leichtere Möglichkeit von Unternehmen, dringend benötigte Fach- oder Ausbildungskräfte im EU-Ausland anzuwerben.

Probleme:
- soziale, politische und wirtschaftliche Integration der Migranten (Wohnraum, Sprache, Bildung und Ausbildung, Qualifizierung, Hilfe bei Behördengängen und Bewerbungen),
- besondere Probleme für einige Großstädte, in denen sich die sogenannte Armutszuwanderung konzentriert, und wo erheblicher Aufwand betrieben werden muss, was finanziell von diesen Städten kaum zu bewältigen ist,
- besondere Probleme mit solchen Gruppen, die aufgrund ihrer geringen sprachlichen Kenntnisse, wegen häufig fehlender oder sehr geringer beruflicher Qualifikation und z. T. auch kultureller Verhaltensunterschiede nur schwer sozial und wirtschaftlich zu integrieren sind,
- Gefährdung des sozialen Friedens an manchen Orten.

AV 3

Die Befürchtungen in der öffentlichen Diskussion beziehen sich insbesondere auf Zuwanderung aus den EU-Staaten Bulgarien und Rumänien, für die seit 01.01.2014 volle Freizügigkeit gilt, die Zahlen in M 3 gehen allerdings nur bis Juni 2013 (neuere Daten auf der folgenden Seite).
- Die Zuwanderer aus Bulgarien und Rumänen sind große Gruppen im Vergleich zu den anderen EU-Mitgliedsländern, jedoch vergleichsweise kleine Gruppen gegenüber sämtlichen Ausländern in Deutschland.
- Die Beschäftigungsquote der erwerbsfähigen Bevölkerung ist bei den Bulgaren sehr gering, bei den Rumänen fast doppelt so hoch und fast so hoch wie in der Bevölkerung Deutschlands insgesamt.
- Die Arbeitslosenquote und der Anteil der Hartz-IV-Empfänger ist bei den Bulgaren entsprechend etwa doppelt so hoch wie bei den Rumänen, fast doppelt so hoch wie bei den Einwohnern in Deutschland insgesamt und nur leicht geringer als bei den Ausländern insgesamt.

- Hinsichtlich der Kindergeldberechtigung liegt der Anteil bei den bulgarischen Familien deutlich höher als bei den rumänischen Familien und etwa gleich hoch wie bei der Bevölkerung insgesamt.

Gründe: Geringere Sprachkenntnisse, geringere berufliche Qualifikation und sozial-kulturelle Integration der bulgarischen Zuwanderer führen zu einer deutlich geringeren Beschäftigungsquote im Vergleich zu den rumänischen Zuwanderern – und im Umkehrschluss zu einer höheren Arbeitslosenquote und einem stärkeren Rückgriff auf Hartz IV-Leistungen.
Da sich die Zahlen in M 3 noch nicht auf die Zeit nach dem Wegfall der Freizügigkeitsbeschränkungen beziehen, bleibt abzuwarten, wie die Entwicklung nach dem 01.01.2014 abläuft. Man wird sehen, welchen Spielraum das europäische Recht für die Einschränkung von Hartz IV-Leistungen lässt und wie diese EU-Rechtssprechung dann konkret angewendet wird.

Zur Tabelle mit den neuesten vorliegenden Zahlen (Stand Juli 2014, Online-Code) lassen sich vorsichtig folgende Aussagen machen:

- Die Zuwanderung aus Bulgarien hat seit Juni 2013 um etwa 26 %, die aus Rumänien um ca. 31 % zugenommen; stärker als für die anderen neuen EU-Mitgliedstaaten (EU-8), für die die Arbeitnehmerfreizügigkeit allerdings schon länger gilt.
- Die Arbeitslosenquote ist von Juni 2013 bis Mai 2014 unter den bulgarischen Zuwanderern von 13,6 % auf 14,7 % gestiegen, unter den rumänischen mit 6,3 % gleich geblieben.
- Der Anteil der Leistungsempfänger nach SGB II (Hartz IV) ist unter den Bulgaren von 14,8 % (Juni 2013) auf 20,3 % (April 2014) gestiegen, unter den Rumänen von 7,4 % auf 8,9 %.
- Der Prozentsatz derer, die trotz Beschäftigung zusätzlich auf Hartz-Leistungen angewiesen waren („Aufstocker"), stieg in der Bevölkerung aus Bulgarien von 10,1 % (März 2013) auf 12,5 % (März 2014), in der rumänischen von 3,9 % auf 4,3 %.

Linktipp
Zuwanderungsmonitor Bulgarien, Rumänien (Juli 2014)
vc485y

Fazit: Bei den Hartz IV-Empfängern lässt sich ein sehr deutlicher Anstieg bei den bulgarischen Zuwanderern erkennen, bei den rumänischen ein moderater, der zudem weit unter den Werten anderer EU-Zuwanderer liegt. Zwischen der Entwicklung bei den bulgarischen und der bei den rumänischen Zuwanderern wird eine deutliche Schere erkennbar. Das spricht dafür, dass aus Bulgarien zu einem großen Teil weniger qualifizierte bzw. am Arbeitsmarkt einsetzbare Zuwanderer kommen – im Gegensatz zu denen aus Rumänien.
Nach wie vor sind einige Großstädte von dieser Zuwanderung aus Bulgarien und Rumänien besonders betroffen und durch sie besonders belastet. In Duisburg betrug die allgemeine Arbeitslosigkeit im Mai 2014 15,6 %, die der bulgarischen Bevölkerungsgruppe jedoch 39,3 % und die der rumänischen 23,7 %. Die entsprechenden Zahlen sind für Dortmund 15 %, 29,5 % und 23,3 %, für Berlin 13,9 %, 23,4 % und 21,0 %.
Die Bundesanstalt für Arbeit geht davon aus, dass die Zuwanderung sich abschwächen und die verbesserte Arbeitsmarktlage zu mehr Beschäftigung führen wird – immer vorausgesetzt, die Wirtschaft bleibt auf Wachstumskurs und die Zuwanderer bringen die erforderlichen Qualifikationen mit oder können und wollen diese erlernen.

Kopiervorlage
„Arbeitsmarktindikatoren von Zuwanderern im Vergleich"
wc3y6v

AV 4

Einerseits wird Zuwanderung gefordert, um der Alterung der Gesellschaft entgegenzutreten, qualifizierte Arbeitskräfte anzuwerben oder für die Zukunft auszubilden, damit die wirtschaftliche Leistungsfähigkeit zu fördern und so auch das wirtschaftliche Fundament des Sozialstaats zu stärken. Auf der anderen Seite wird befürchtet, dass sogenannte Armutszuwanderung – speziell aus EU-Mitgliedsländern, zwischen denen Arbeitnehmerfreizügigkeit besteht – den Sozialstaat zu sehr belasten könnte, wenn zu gering qualifizierte Zuwanderer keinen oder keinen dauerhaften Arbeitsplatz finden und auf Sozialleistungen angewiesen sind.
Zu dieser Problematik sollte in der Klasse eine offene, kontroverse Debatte geführt werden. Wichtig ist, dass die jeweiligen Einschätzungen, Befürchtungen, Prognosen soweit wie möglich mit Fakten und plausiblen Annahmen untermauert werden.
Die Kopiervorlage im Online-Code bietet Anstöße für diese Debatte.

Kopiervorlage
„Festigt oder untergräbt Zuwanderung den Sozialstaat?"
4vw9v5

S. 106-123

Kapitel 5

Global vernetzt

Leistungskontrolle
Bausteine zur Leistungsüberprüfung
s5u49x

Didaktische Intention und roter Faden durch das Kapitel

Das fünfte Kapitel befasst sich mit der medialen Welt. Medien sind Werkzeug der Weltaneignung und Gegenstand der inhaltlichen Auseinandersetzung, der Arbeit, der Gestaltung, der Kommunikation und des Lernens. Sie sind aus unserem Alltag nicht mehr wegzudenken. Berufliche, persönliche und politische Bildung sind heute ohne Medien nicht denkbar. Medienkompetenz ist deshalb eine „Schlüsselqualifikation unserer Gesellschaft" und die Entwicklung von Medienbewusstsein dafür eine Grundbedingung.
Für die heutige Generation der Schülerinnen und Schüler ist der Umgang mit unterschiedlichen Medien fast selbstverständlich. In vielen Haushalten befindet sich heute neben dem Fernseher auch eine Vielzahl anderer Multimediageräte. Der Besitz eines Handys gehört unter Gleichaltrigen zum guten Ton. Genau wie das Handy ist der Umgang mit einem Computer oder Tablet-PC eine ganz normale Sache. Daher ist das Ziel dieses Kapitels, die Jugendlichen im bewussten Umgang mit den Medien zu sensibilisieren. Zwei Aspekte spielen hier eine entscheidende Rolle. Zum einen ist es die Arbeit mit den Medien, die als Werkzeug angesehen werden, z. B. zur Informationsbeschaffung oder als Quelle für den Internethandel. Zum anderen ist es ein Lernen über die Medien. Unter diesem Aspekt werden die Schülerinnen und Schüler dazu befähigt, sich aktiv in politische Willensbildungsprozesse einzubringen. Hierfür brauchen sie ein Grundverständnis für Politik und Einsichten in politische Zusammenhänge, die fast ausschließlich über Medien wahrgenommen werden.
Durch die Arbeit mit dem Kapitel können die Schülerinnen und Schüler ihr eigenes Medienverhalten reflektieren. Sie setzen sich mit den Chancen und Risiken des Onlineshoppings auseinander, bekommen Einblick in die wichtigen Themen der Urheber- und Datenschutzrechte. Schließlich gehen sie dem zweiten Aspekt des Kapitels nach und hinterfragen die Rolle der Medien in den Prozessen der politischen Willensbildung. Denn oft werden die Medien auch als die vierte Gewalt bezeichnet. Es lohnt sich deshalb, einen genaueren Blick in die Arbeit von Nachrichtenagenturen zu werfen und zu schauen, wie Politik und Medien miteinander agieren.

Hinweise zum Einstieg

„Offline sein, geht das überhaupt?" mit dieser Einstiegsfrage in das Kapitel werden gleich beide Aspekte der medialen Bildung angesprochen - das Lernen MIT und ÜBER die Medien. Die Schülerinnen und Schüler sollen selbstkritisch den eigenen Medienkonsum reflektieren. Die Folgen der permanenten Erreichbarkeit können hier beleuchtet werden. Dieses ist im Hinblick auf das Berufsleben von großer Bedeutung. Viele Betriebe regeln bereits die Nutzung der Medien am Arbeitsplatz, da sie wirtschaftliche Nachteile durch abgelenkte Angestellte oder verlorene Arbeitszeit befürchten. Auf der anderen Seite nutzen sie die Kommunikationskanäle, um ständig auf die Mitarbeiterinnen und Mitarbeiter zugreifen zu können. Das Bildmaterial der Auftaktdoppelseite kann als Impuls genutzt werden, um solche Probleme zu erörtern. Im weiteren Schritt sollte auch über die Medien diskutiert werden, z. B. anhand der Fragestellung „Welche Aufgaben haben die Medien?".
Alternativ zu diesem Einstieg könnte eine Recherche und Vorstellung der Medienberufe zu Beginn der Unterrichtseinheit stattfinden, um die zukünftigen beruflichen Qualifizierungen näher zu beleuchten. In kurzen Präsentationen oder auch in einer Ausstellung (im Sinne eines Marktplatzes) könnten die Schülerinnen und Schüler unterschiedliche Berufe vorstellen, wie z. B. den des Journalisten, Mediendesigners, KMA Schwerpunkt Marketing, Medienkaufleute Digital und Print etc. Hier könnte man zunächst den Aspekt der Arbeit mit den Medien näher beleuchten und dadurch auch erfahren, wie diese die Arbeitswelt, die Gesellschaft und auch die Menschen beeinflussen.

Total vernetzt

S. 108/109

Das Internet und ich

Lösungshinweise zu den Arbeitsvorschlägen

AV 1
Die Erfassung der Mediennutzung sollte in tabellarischer Form erfolgen mit dem Datum, dem Medium, der Nutzungsdauer, dem Ziel der Nutzung. Hilfreich ist die Dokumentation in einem Tabellenkalkulationsprogramm, da die anschließende Darstellung in Form von Diagrammen erleichtert wird. Zu beachten sind die Voreinstellungen der grafischen Ausgabe, damit ein schneller visueller Vergleich aller Teilnehmer möglich wird.

Linktipp
Das Internet – Historische Fakten
rh4j2v

AV 2
Verschiedene Experimente, bei denen Teilnehmer über einen bestimmten Zeitraum auf das Internet oder das Mobiltelefon verzichtet haben, zeigten, dass es den Personen schwer gefallen ist, auf Medien zu verzichten. Wir leben in einer Kommunikationsgesellschaft, in der viele Informationen über das Internet übermittelt werden und soziale Kontakte pflegt man, z. B. über Plattformen wie Facebook, oder verabredet Termine via WhatsApp. Man hat zudem immer die Möglichkeit, sich über das Internet seine relevanten Informationen zu beschaffen, wie z. B. Fahrplan-Auskunft oder ein Angebot für eine bestimmte Ware. Die permanente Erreichbarkeit kann aber auch ein Auslöser für Stressverhalten sein. Deshalb raten Fachleute sich Zeiten zum „Abschalten" einzurichten.

AV 3
Die Revolution des Kommunikationsmarkts durch mobile Endgeräte zeigt sich in der JIM-Studie deutlich. Während die Nutzung des Computers oder Laptops als Zugang zum Internet rückläufig ist, haben sich die Zugriffe auf das Netz über ein Smartphone mehr als verdoppelt, über Tablet-PCs sogar versechsfacht. Die kompakte Größe und zunehmende Leistungsfähigkeit dieser Geräte macht sie zu ständigen Begleitern im Alltag, die den Zugriff auf das Internet überall und zu jeder Zeit ermöglichen.

AV 4
Das Stichwort heißt hier gläserner User. Die Datenschützer befürchten, dass Menschen zu sorglos mit ihren persönlichen Daten umgehen und damit zu viel von sich im Netz preisgeben. Diese Daten können dann von Dritten missbraucht werden, wodurch u.U. dem Besitzer Schaden entstehen könnte. Dabei sind es nicht nur Daten, die man selbst als öffentlich definiert hat. Durch die Enthüllungen um die amerikanischen Geheimdienste wissen wir, dass Daten, die bisher als privat angesehen wurden, von den Geheimdiensten mitgelesen werden konnten, wie u. a. E-Mail-Verkehr.

Kopiervorlage
„Der gläserne User"
ed9b7r

AV 5
Markus nutzt das Internet, um sich auf eine neue Arbeitsstelle zu bewerben. Das Besondere dabei ist die Art, wie er es macht. Er verschickt nicht etwa Bewerbungsschreiben als E-Mails an Unternehmen, sondern nutzt seinen Internetauftritt auf Businessnetzwerken und vor allem die Kontakte, die er über solche Netzwerke geknüpft hat. So macht er die Firmen auf sich aufmerksam bzw. mit Hilfe der Empfehlungen steigert er seine Chancen für eine Einstellung.
Hinweis: Das Urteil der Schülerinnen und Schüler kann als Zustimmung für die besonders innovative und selbstbewusste Art, sich um eine Stelle zu bemühen, ausfallen. Ebenso ist es möglich, dass hier das Vorgehen nach dem Prinzip „Vitamin B" kritisch angesehen wird. Denn nicht unbedingt der Beste bekommt die Stelle, sondern der mit den meisten Beziehungen. Beide Positionen sind als gleichberechtigt anzusehen, deshalb ist die Begründung des Urteils entscheidend.

S. 110/111

Onlineshopping und E-Commerce

Chancen und Risiken neuer Angebote?

Lösungshinweise zu den Arbeitsvorschlägen

AV1

Vorteile	Nachteile
- Einkaufen rund um die Uhr - Große Auswahl an Produkten und Angeboten - Lieferung nach Hause - Preise können schnell verglichen werden - Günstige Preise - 14-tägiges Rückgaberecht	- Kaum Beratung durch Fachverkäufer - Ware kann nur durch Bilder und Beschreibung begutachtet werden - Schuldenfalle durch bargeldlose Zahlungsmöglichkeiten - Wartezeit bis zur Lieferung der Ware - Konkurrenzdruck für örtliche Geschäfte

AV2

Individuelle Lösungen der Schülerinnen und Schüler
Hinweis: Hier können unterschiedliche Unternehmen genannt werden, wie z.B. Amazon, Ebay, u.a., mit positiven oder negativen Erfahrungen. Zu den positiven zählen, z.B. besonders günstige Angebote, schnelle Lieferung, besondere oder sehr spezielle Ware ist bestellbar, zu den negativen Erfahrungen zählen Probleme mit Garantieansprüchen oder Rückgabe, mangelhafte bzw. irreführende Beschreibung der Ware und dubiose Angebote und Anbieter.

AV3

- Nicht nur auf den professionellen Auftritt vertrauen, sondern die AGB kontrollieren.
- Informationen über einen Eintrag ins Handelsregister prüfen.
- Preise müssen deutlich ausgewiesen werden, auch für die Versandkosten.
- Bei Angeboten aus dem Ausland auf Zölle, Überweisungsgebühren und Frachtkosten achten.
- Bewertungen von früheren Kunden können Orientierung bieten.
- Aktuelles Virenschutzprogramm sollte installiert werden.
- Bei Eingabe von persönlichen Daten auf sichere Datenverbindung achten (SSL Protokoll).
- Gütesiegel können ein Hinweis auf Seriosität des Anbieters sein.
- Passwörter nicht doppelt verwenden.

AV4

Individuelle Lösungen der Schülerinnen und Schüler. Hier zwei mögliche Beispiele:
Amazon - 1994 gegründetes US-Unternehmen für den Versandhandel, eines der führenden Branchenunternehmen des Onlinehandels mit einer sehr breiten Produktpalette und über 100 000 Mitarbeitern und einem Jahresumsatz von über 74 Mrd. US Dollar (2013). Amazon bietet innerhalb der eigenen Plattform Privatpersonen und Unternehmen an, Waren zu verkaufen. Es werden auch eigene Produkte vertrieben wie z.B. der Tablet-PC Kindle Fire.
Ebay - Das Onlineauktionshaus wurde 1995 in den USA gegründet. Aus der ursprünglichen Idee, eine Plattform für eine Art Flohmarkt zu betreiben, wurde ein Business-to-Consumer Unternehmen. Das bedeutet, dass nicht nur gebrauchte Ware durch Privatpersonen angeboten wurde, sondern auch Unternehmen Neuware über den Dienst vertreiben können. Das Unternehmen beschäftigt über 30 000 Mitarbeiter und hatte einen Jahresumsatz von über 16 Mrd. US Dollar (2013).

AV5

Individuelle Lösungen der Schülerinnen und Schüler
Hinweis: Von Bedeutung für die eigene Branche sollte an konkreten Beispielen festgemacht werden, wie z.B. Kundenkreis, internationaler Wettbewerb etc.

Mein – dein – allgemein?

S. 112/113

Eigentumsrechte im Internet

Lösungshinweise zu den Arbeitsvorschlägen

AV1
Individuelle Lösungen der Schülerinnen und Schüler. Die Schülerinnen und Schüler können in folgendes Muster hineinarbeiten:

Hinweis: Da die Ergebnisse dieses Arbeitsauftrages durchaus sensibel sein können, bietet sich an, die Kuchendiagramme anonymisiert zu vergleichen und zu analysieren.

AV2
Der Arbeitsauftrag lebt von der Spannung zwischen den exemplarischen Standpunkten zum digitalen Eigentum (M 2) und der philosophisch-politischen Betrachtung der Frage digitaler Eigentumsrechte (M 3). Die Schülerinnen und Schüler werden sich in der ein oder anderen Aussage des Materials M 2 wiederfinden und erhalten die Gelegenheit, diesen Standpunkt über die Arbeit mit M 3 zu vertiefen oder ggf. zu korrigieren. Aus methodischer Sicht kann sich eine Pro- und Kontra-Debatte oder eine sogenannte amerikanische Debatte mit direkt reagierenden Gegenreden (Methodenglossar S. 215) zur Frage „Gibt es digitales Eigentum" anbieten:
Die prägnanteste Aussage in M 2 ist sicher die des Netzaktivisten Hans-Peter Kerl, dass Kopieren von digitalen Dateien kein Diebstahl sei. Da niemandem etwas weggenommen werde, entstehe auch niemandem ein Schaden.
Diese Position korrespondiert mit Aussage des Sachtextes M 3, dass wirklicher Diebstahl in der Entwendung eines physischen Gegenstandes bestehe. Der Urheber einer kopierten Datei behalte immer das Original.
Eine Gegenposition vertritt der Berliner DJ Paul von Dyk: Er verweist auf die kreativen Ideen und die Arbeit der Künstler, für die sie eine angemessene Entlohnung verdienten. Für Paul von Dyk geht es daher um die Frage, wie Künstler beim digitalen Kopieren ihrer Werke zu entlohnen sind, und nicht, ob eine Bezahlung erfolgen muss. Eine Gesellschaft, die künstlerischen Werken keinen Wert zubillige, sei selbst nichts wert.
Der Sachtext relativiert beide Argumentationen allerdings mit Blick auf eine falsch verstandene Begründung des Privateigentums: Er unterscheidet einen naturrechtlichen und einen politischen Eigentumsbegriff. In der naturrechtlichen Perspektive (z. B. John Locke) ist der Mensch Eigner seiner selbst und auch Eigner der von ihm erschaffenen Dinge. Der politische Eigentumsbegriff (z. B. John Rawls) verankert das Privateigentum beim Staat, der durch seine Autorität Eigentumsrechte definieren und durchsetzen könne. In diesem Sinne kommt dem Urheber eines digital kopierbaren Werkes ein Eigentumsrecht erst durch die Anerkennung der staatlichen Gemeinschaft zu. Das entscheidende Kriterium sei hier die Frage, inwieweit dieses Werk dem Gemeinwohl diene.
In der Verknüpfung aller Positionen wird deutlich, dass unsere Gesellschaft ein modernes Urheberrecht schaffen sollte, das einerseits den Bürgerinnen und Bürgern einen relativ günstigen Zugang zu Kulturgütern ermöglichen und andererseits den Schöpfern von Kulturgütern eine Lebensgrundlage sichern muss. Dies sei ein „delikater Balanceakt", so der Autor des Materials M 3.
Mit Blick auf diesen Zielkonflikt lässt sich auf die Schülerposition in M 2 verweisen. Sie eröffnet neben einer juristischen Betrachtung auch eine moralische Perspektive. Es ist ebenso auch eine Frage des Anstandes, für Dinge, die ich nutze, entsprechend zu bezahlen.

AV 3

Der erste Teil des Arbeitsauftrages besteht aus einer individuellen Lösung der Schülerinnen und Schüler. Als Lehrkraft können Sie entweder Antworten aus den Vorkenntnissen oder Nutzungsgewohnheiten der Lerngruppe generieren oder einen entsprechenden Rechercheauftrag erteilen.

Die Abbildung M1 stammt vom Branchenverband der deutschen informationstechnologischen Unternehmen und verdeutlicht das enorme Wachstum, das der Markt mit legalen Musik-Downloads in den letzten Jahren erfahren hat. In einem relativ kurzen Zeitraum zwischen 2007 und 2010 hat es mit Blick auf das Absatzvolumen (Stückzahlen der Downloads) eine Verdoppelung gegeben. Und auch hinsichtlich des Umsatzes zeigen sich in diesem Zeitraum jährliche Steigerungen von bis zu 40 % (in absoluten Zahlen einen Umsatzanstieg von 60 auf 151 Mio. € in nur drei Jahren).

Die Verbraucherverbände in Deutschland haben vielfach darauf aufmerksam gemacht, dass die Konsumenten durchaus bereit sind, für digitale Kopien von Musik, Filmen oder Software zu zahlen. Es bestehe vielmehr auf Seiten der Konsumenten eine rechtliche Unsicherheit oder schlicht eine Unkenntnis mit Blick auf urheberrechtliche Fragen. Inzwischen bringen allerdings eine Reihe von Internet-Plattformen die Interessen der Konsumenten und Produzenten von digitalen Kulturgütern in einer juristisch und wirtschaftlich ausgleichenden Weise zusammen. Die Zahlen der Abbildung können als statistischer Hinweis auf diesen Trend gelesen und verstanden werden.

Hinweis: Vermutlich werden einige Schülerinnen und Schüler auf Aktionen einiger Musiker und Künstler aufmerksam machen, die ihre Werke im Internet zum Download gegen eine Spende bereitstellen. Nicht selten generieren die Künstler darüber ein erstaunliches Einkommen. Mit gut informierten Lerngruppen lässt sich dieser Vertriebsweg vertiefend diskutieren und zwar mit Blick auf Strukturen der Musikindustrie und den Chancen noch unbekannter Musiker und Künstler durch das Medium Internet.

Bitte bedienen Sie sich

S. 114/115

Der sorglose Umgang mit digitalen Daten

Linktipp
EU-Initiative für mehr Sicherheit im Netz
sp49uy

Linktipp
JIM-Studie 2013
8kd68s

Linktipp
Datenschutzdebatte in Europa
9y66dd

Lösungshinweise zu den Arbeitsvorschlägen

AV1

Die Karikatur „Private Datenschau“ von Harm Bengen (2010) spielt auf Ambivalenzen im Umgang mit unseren privaten Daten an. Unter Hinweis auf die Methode „Bildquellen interpretieren“ können die Schülerinnen und Schüler folgende beschreibende und interpretierende Aspekte herausarbeiten: Es ist ein Mann im Vorgarten eines Hauses zu sehen, der sich in der Pose eines Exhibitionisten schützend, d.h. abdeckend vor das Gebäude stellt, das von einem Fahrzeug mit der Aufschrift „Google“ gefilmt werden soll. Auf dem Mantel der Person sind die Schriftzüge „Twitter“ und „Facebook“ zu lesen. Das Fahrzeug spielt auf das Projekt „Google-Street-View“ an, mit dem alle Gebäude in Deutschland fototechnisch erfasst und ganze Straßenzüge im Internet zur Ansicht bereitgestellt werden. Die Abbildung der Gebäude im Internet erfolgt automatisch, es sei denn, die Hausbesitzer widersprechen der Darbietung durch Google aktiv. Mit Start des Projekts „Google-Street-View“ gab es in Deutschland eine Welle der Empörung darüber, dass ein Unternehmen unkontrolliert und flächendeckend Gebäudedaten erheben wollte.
Der Karikaturist spielt über die exhibitionistische Geste der Person auf eine ambivalente Haltung an, dass Menschen sich empören, wenn öffentlich sichtbare Dinge wie Gebäude datentechnisch erfasste werden, und zugleich in sozialen Netzwerken die privatesten Dinge bereitwillig und freiwillig preisgeben.
Der zweite Frageteil, warum private Daten nicht öffentlich zugänglich sein sollten, zielt auf eine erste persönliche Stellungnahme der Schülerinnen und Schüler ab. Hier sollten Voreinstellungen zur Problematik abgeklärt werden.

AV2

Chancen	Risiken
- Moderne Navigationssystem könnten präzise Verkehrsprognosen ermöglichen - durch eine bessere Verkehrsplanung lassen sich Staus reduzieren und der CO_2-Ausstoß verringern. - Eine mobile medizinische Überwachung von Patienten könnte frühzeitig Hinweise auf die Krankheitsentwicklung liefern - so lassen sich Menschenleben retten oder verlängern. - Stromnetze mit intelligenten Zählern liefern den Kraftwerken Hinweise zum genauen Bedarf - so lassen sich Produktion und Verbrauch von Energie exakt ausbalancieren. - Datensammeln und -auswerten kann zum Konsumentenwohl geschehen.	- Durch die professionelle Verknüpfung von privaten Daten können Fachleute überraschend viel über eine Person herausfinden. - Selbst anonymisierte Daten lassen sich durch die Verknüpfung von z.T. nur zwei Quellen einer Person zuordnen. - Intelligenz oder politische Einstellungen lassen sich z.B. mit großer Präzision bestimmen. - Über Kreditkartenabrechnungen lässt sich z.B. die finanzielle Situation einer Person abschätzen. - Wir könnten in eine Ära eintreten, in der die Privatsphäre komplett verschwindet.

Hinweis: Das Material M4 eignet sich gut dazu, die Dimensionen des Datensammelns durch große Internetkonzerne zu verdeutlichen. Es handelt sich in der Auswahl um Unternehmen, die den Schülerinnen und Schülern bekannt sind und deren Dienste sie vermutlich nutzen. Es bietet sich daher an, zuerst eine Einschätzung der Lerngruppe vorzunehmen sowie Vorkenntnisse zu erfragen und dann den Text auszuwerten.

AV3

Individuelle Lösungen der Schülerinnen und Schüler, die ihren persönlichen Umgang mit privaten Daten sowie Maßnahmen des privaten Datenschutzes diskutieren. Mögliche Aspekte könnten dabei sein: Verwenden von „Nicknames“ in sozialen Netzwerken, äußerst seltenes Preisgeben persönlicher Daten im Internet, Sichern und Verschlüsseln privater Datenträger und Geräte, etc.

S. 116/117

Blogger

Mehr Chancen für die Meinungsfreiheit?

Kopiervorlage
„Die Krise der Medien"
4x393x

Lösungshinweise zu den Arbeitsvorschlägen

AV 1
Zu den wichtigsten Grundrechten gehören die Meinungs- und Pressefreiheit. Doch nicht überall in der Welt gibt es diese Rechte. Einige Regierungen versuchen, eine freie Berichterstattung zu verhindern oder wenigstens einzuschränken. Sie bedienen sich dabei der Zensur. Damit kann die Bevölkerung sich nicht frei informieren und auch das Ausland bekommt nicht alles mit, was in dem betroffenen Land passiert. Die Neuen Medien, wie z.B. das Internet, schaffen eine Lücke in der Zensur. Jeder Bürger kann als Zeuge ein Ereignis mit seiner Handykamera festhalten und das Video ins Netz stellen und so, z.B. auf Missstände, aufmerksam machen. Die Informationen gelangen damit ungefiltert ins Netz und die Menschen haben dort auch die Möglichkeit, Gleichgesinnte zu treffen oder zu mobilisieren. Mit Blogs, Tweets und Videos wird ein breiter Kreis von Menschen erreicht. Totalitäre Regimes versuchen, auch diese Kanäle zu kontrollieren. Dies ist jedoch viel schwieriger als die Kontrolle der klassischen Medien.

AV 2
Ist die Arbeit von Journalisten oder auch generell die Arbeit der Medien nicht frei von Zensur, so ist es so gut wie unmöglich, an freie Berichte zu kommen. Häufig sind dann auch die ausländischen Reporter des Landes verwiesen worden oder ihre Arbeit wird kontrolliert. Nicht selten besteht dann nur noch eine Chance, an Informationen zu kommen, wenn sich einzelne Menschen dem Regime wiedersetzen und über ihr Erlebtes oder ihre Beobachtungen im Netz berichten - die Blogger. Dabei riskieren sie unterdrückt, eingesperrt oder sogar getötet zu werden.
Kann man die Arbeit der Blogger mit der der Journalisten vergleichen? Hier entsteht ein Problem. Während die Nachrichtenagenturen u.a. durch die Medien ihre Adressaten erreichen, ihre Quellen offenlegen, können die Blogger nicht einmal sicher sein, ob ihr Ruf im Netz auch gehört wird. Auch für den Internetuser ist es nicht einfach, den Nachrichtenwert eines Blogs zu beurteilen. Denn es ist nicht immer nachvollziehbar, welche Ziele oder Intentionen der Blogger verfolgt und wie hoch der Wahrheitsgehalt seines Blogs ist. Oft können die Meldungen nicht bestätigt werden.

AV 3
Die professionellen Medien verfügen über Strukturen und Kanäle, um ihre Adressaten zu erreichen. Sie stellen an sich den Anspruch, objektiv zu berichten und den Menschen die Möglichkeit zu geben, ihre Berichterstattung mit anderen Quellen zu vergleichen und zu überprüfen. Durch ihre Rolle im politischen Prozess sind sie in der Lage, eine Kontrollfunktion zu übernehmen und so zu einem wichtigen Element der Demokratie zu werden. Hier liegen auch die Gefahren bzw. Nachteile, denn sie sind darauf angewiesen, Geld mit ihrer Arbeit zu verdienen, indem sie eine bestimmte Zuschauer- oder Leserquote erreichen. Diese ökonomischen Interessen beeinflussen ihre Arbeit. Die freien Medien, also auch Blogger, wollen keinen Profit mit ihrer Arbeit erzielen. Ihnen ist es wichtig, die Presse- und Meinungsfreiheit in ihren Ländern zu fördern. Oft sind es auch nur einzelne Personen, die sich um die Berichterstattung kümmern. Sie sind mit ihrer Arbeit darauf aus, einen möglichst breiten Kreis zu erreichen - das schützt sie zum Teil vor Repressalien. Einen Beweis für die Objektivität ihrer Berichterstattung bleiben sie dem Empfänger jedoch manchmal schuldig. Am Ende ist es immer der Bürger, der entscheidet, wie weit und welche Informationen er für seine Meinungsbildung auswählt. Wichtig ist, dass er bei jeder Berichterstattung immer kritisch bleibt und das Gesehene bzw. Gelesene stets hinterfragt.

Kontrolle der Mächtigen

S. 118/119

Welche Rollen spielen die Medien?

Lösungshinweise zu den Arbeitsvorschlägen

AV 1

Aufgabe: **Information**
- Medien sollen informieren und unterhalten.
- Sie sollen über wichtige Ereignisse berichten (Berichte).
- Sie sollen Hintergrundwissen vermitteln, was ein politisches Vorhaben für die Bürgerinnen und Bürger bedeutet (politische Magazine, Kommentare).
- Sie sollen verschiedene Meinungen über strittige Fragen darstellen (Diskussionsrunden).
- Politiker und Parteien sollen in den Medien ihre Standpunkte darstellen können, damit sich die Bürgerinnen und Bürger eine eigene Meinung bilden können.

Aufgabe: **Kontrolle**
- Medien machen öffentlich, was die Regierung tut und die Opposition will.
- Medien sollen über Missstände in der Politik berichten oder selbst aufdecken.
- Hierdurch üben sie eine – öffentliche – Kontrollfunktion im Hinblick auf die drei Gewalten (Exekutive, Legislative, Judikative) aus und werden deshalb auch als „vierte Gewalt" bezeichnet

Kopiervorlage
„Mediale Riesenwelle trägt Minister davon"
wv4q6t

Kopiervorlage
„Die Freiheit der Presse"
2x9q5z

AV 2

Artikel 5 Grundgesetz

(1) Jeder hat das Recht, seine Meinung in Wort, Schrift und Bild frei zu äußern und zu verbreiten und sich aus allgemein zugänglichen Quellen ungehindert zu unterrichten. Die Pressefreiheit und die Freiheit der Berichterstattung durch Rundfunk und Film werden gewährleistet. Eine Zensur findet nicht statt.

(2) Diese Rechte finden ihre Schranken in den Vorschriften der allgemeinen Gesetze, den gesetzlichen Bestimmungen zum Schutze der Jugend und in dem Recht der persönlichen Ehre.

Die Medien haben großen Einfluss auf die Öffentlichkeit, weil sie darüber bestimmen, was und wie etwas veröffentlicht wird. Ein Missbrauch dieser Macht kann trotz aller Kontrollmöglichkeiten nicht völlig ausgeschlossen werden.

Besonders Zeitungen und private Sender können unter einen bestimmten Druck geraten: Da sie ihr Geld hauptsächlich mit Werbung verdienen, kann es geschehen, dass Unternehmen ihre Werbeanzeigen zurückziehen, wenn ihnen die Berichterstattung der Zeitung oder des Senders nicht passt.

Daneben gibt es natürlich die juristischen Grenzen der Pressefreiheit in Form des Strafrechts. Das Strafrecht greift immer dann, wenn es nicht mehr um die Sache geht, sondern um die Verschmähung bzw. Herabsetzung einer Person, die nichts mehr z. B. mit sachlicher Kritik zu tun hat. Die Karikatur M 1 zeigt ein solches Beispiel. Die Person wird herabgewürdigt, indem die Reporter die intime Privatsphäre des Betroffenen missachten.

Die professionellen Medien verfügen über Strukturen und Kanäle, um ihre Adressaten zu erreichen. Sie stellen an sich den Anspruch, objektiv zu berichten und den Menschen die Möglichkeit zu geben, ihre Berichterstattung mit anderen Quellen zu vergleichen und zu überprüfen. Durch ihre Rolle im politischen Prozess sind sie in der Lage, eine Kontrollfunktion zu übernehmen und so zu einem wichtigen Element der Demokratie zu werden. Hier liegen auch die Gefahren bzw. Nachteile. Die Medienunternehmen sind darauf angewiesen, Geld mit ihrer Arbeit zu verdienen, indem sie eine bestimmte Zuschauer- oder Leserquote erreichen. Diese ökonomischen Interessen beeinflussen ihre Arbeit.

Die freien Medien, also auch Blogger, wollen keinen Profit mit ihrer Arbeit erzielen. Ihnen ist es wichtig, die Presse- und Meinungsfreiheit in ihren Ländern zu fördern. Oft sind es auch nur einzelne Personen, die sich um die Berichterstattung kümmern. Sie sind mit ihrer Arbeit darauf aus, einen möglichst breiten Kreis zu erreichen – das schützt sie zum Teil vor Repressalien. Einen Beweis für die Objektivität ihrer Berichterstattung bleiben sie dem Empfänger jedoch manchmal schuldig.

Am Ende sind es immer die Bürgerinnen und Bürger, die entscheiden, wie weit und welche Informationen sie für ihre Meinungsbildung auswählen. Wichtig ist, dass sie bei jeder Berichterstattung immer kritisch bleiben und das Gesehene bzw. Gelesene stets hinterfragen.

AV 3

Individuelle Lösungen der Schülerinnen und Schüler

Hinweise:

- Der Parlamentarier entscheidet im Bundestag mit über die Vergabe von Rüstungsaufträgen.
- Weltweit agierende Luftwaffenausstatter inserieren in dem Lokalblatt dieses Politikers.
- Die Bündnisgrünen im Hessischen Landtag bezeichnen diese als „Scheinanzeigen", denn sie hätten „keinerlei werblichen Wert", so der Generalsekretär der hessischen SPD, Norbert Schmitt.
- Dies lege den Verdacht nahe, dass die Rüstungsindustrie über die Vergabe von Anzeigenaufträgen im Wert von mehr als 30 000 € sich „einen Abgeordneten hält, der Grundsatzentscheidungen über Rüstungsaufträge trifft", so der Generalsekretär.
- Schmitt fordert, dass der Abgeordnete Willsch künftig auf die Unterstützung durch diese Rüstungsfirmen verzichte oder er müsse aus dem Haushaltsausschuss zurücktreten.
- Der Abgeordnete Willsch weist die Vorwürfe zurück. Die Rüstungsindustrie schalte bei ihm die Anzeigen, weil er den Monatsanzeiger auch im Bundestag in die Fächer lege und die Kollegen dort ausgesprochen gerne in sein Blatt schauten.
- Der Fraktionsvorsitzende der Grünen im Hessischen Landtag, Tarek Al-Wazir, meint, dass die Waffenindustrie ihre Anzeigen im Monatsanzeiger niemals geschaltet hätten, wäre der Abgeordnete Willsch nicht Mitglied im Haushaltsausschuss des Bundestages.

AV 4

Individuelle Lösungen der Schülerinnen und Schüler

Hinweise: Die taz stellt beide Seiten dar.

- Die Kritiker – Norbert Schmitt (Generalsekretär der hessischen SPD) und Tarek Al-Wazir (Fraktionsvorsitzender der Grünen im Hessischen Landtag) – kommen mit ihren Argumenten zu Wort.
- Auch der angegriffene CDU-Bundestagsabgeordnete Willsch darf seine Argumente und seine Meinung vortragen.
- Dadurch, dass das Hauptargument – die Waffenindustrie hätte ihre Anzeigen im Monatsanzeiger des CDU-Abgeordneten niemals geschaltet, wäre der Abgeordnete Wills nicht Mitglied im Haushaltsausschuss des Bundestages – an das Ende des Artikels gesetzt und zudem die Forderung zitiert wird, die CDU dürfe die Affäre nicht länger totschweigen, wird deutlich, dass der Autor des Artikels das Verhalten des CDU-Abgeordneten mindestens als unseriös betrachtet. Der Begriff Affäre wird heute fast ausnahmslos zur Kennzeichnung eines Skandals in Politik oder Wirtschaft genutzt.

Vertiefung: Die Macht der Medien

S. 120-123

Brauchen Politiker die Medien?

Lösungshinweise zu den Arbeitsvorschlägen

AV1

In der Politik werden ähnliche Werbemethoden benutzt wie in der Wirtschaft. Nur werden dazu nicht Werbeagenturen, sondern PR-Agenturen beauftragt. Die Grenzen zwischen den beiden sind allerdings fließend. Ihre Hauptaufgabe ist es, für ein gutes Gefühl bei den Bürgerinnen und Bürgern zu sorgen. Dazu werden gezielt Ereignisse inszeniert, Interviews platziert und positive Berichterstattung erzeugt. So wird ein Krieg als Befreiungskrieg dargestellt und Menschen ins Bild gesetzt, die sich über den Einzug der Befreier freuen. Mit solchen Bildern versucht man, die Bürgerinnen und Bürger davon zu überzeugen, dass der Krieg richtig war, um gleichzeitig ein ungutes Gefühl in Bezug auf den Krieg zu reduzieren.
Auch einzelne Politiker werden von PR-Profis trainiert, damit sie einen positiven Eindruck in der Öffentlichkeit vermitteln. Denn nach Ansicht der PR-Profis kann eine falsche Krawatte oder eine ungeordnete Frisur mehr Wirkung erzielen als das beste Argument. Deshalb sehen sich die PR-Leute als Wahrnehmungsmanager.

Linktipp
Die vierte Gewalt im Staat
m38n8y

AV2

Bei der Betrachtung des Fotos stellt sich zunächst die Frage: Welchen Anlass gibt es für ein gemeinsamen Essen der Bundeskanzlerin und der Deutschen Nationalmannschaft? Ohne zusätzliche Informationen ist diese Frage kaum zu beantworten. Ein eindeutiges Ziel der Fotografie ist vermutlich eine medienwirksame Darstellung einer der beiden Parteien, wahrscheinlich der Kanzlerin. Es entsteht der Eindruck, die Kanzlerin interessiere sich für Fußball und führt ein lockeres Gespräch mit den Spielern. Es ist eher unwahrscheinlich, dass politische Themen Gesprächsanlass sind. Sie könnte auch so ihre Unterstützung für die Nationalmannschaft zum Ausdruck bringen. Unter diesen Aspekten könnte man davon ausgehen, dass das Foto inszeniert ist.

AV3

Die PR-Agenturen arbeiten im Hintergrund. Nach ihrer Ansicht ist die beste PR jene, die nicht als solche erkannt wird. Damit manipulieren sie unsere Wahrnehmung der Welt. Medienwissenschaftler schätzen, dass mindestens 40% aller Informationen in den Medien aus PR-Agenturen oder Marketingzentralen von Unternehmen, Behörden und Verbänden stammen. Damit würden die Medien teilweise zu einem Kanal für Propaganda. Die Funktion der „vierten Gewalt" könnte somit nicht mehr ausreichend durch die Medien erfüllt werden. Nach Ansicht einiger kritischer Medienwissenschaftler liegen die Interessen von Medien, Konzernen und der Politik zu dicht beieinander. Sie argumentieren, dass bei allen drei Seiten ökonomische Interessen im Vordergrund stünden. Die Information verkommt zu einer Ware, die sich nur dann verkauft, wenn möglichst viele Menschen sie verstehen und der Sensationsgehalt hervorgehoben wird. Demnach würde eine verantwortungsvolle Berichterstattung, die bei der Meinungsbildung behilflich sein soll, behindert werden

AV 4

Für eine genaue Betrachtung ist es zunächst sinnvoll, die Materialien in zwei Kategorien einzuteilen - die TV-Medien und Printmedien.
Schaut man sich die Statistik des Bundesverbands Deutscher Zeitungsverleger (M9) an, so entsteht der Eindruck, dass es in Deutschland eine Vielfalt von Verlagen geben muss und damit ein sehr breites Spektrum an Informationsquellen. In Wirklichkeit sind es nur wenige Konzerne, denen alle Printmedien angehören. Somit sind unterschiedliche Zeitungen und Zeitschriften in die Geschäftspolitik des Mutterkonzerns eingebunden und verfolgen so dessen politische Linie. Hinzu kommt, dass es nur wenige Vollredaktionen gibt, die eine eigene journalistische Arbeit durchführen. In ihren Ausgaben übernehmen deshalb viele Publikationen die Politik-, Kultur- und Wirtschaftsseiten von anderen Blättern, da sie nicht über eine eigene Vollredaktion verfügen oder die Konzernverlage eine Zentralredaktion bzw. Ressortgemeinschaft eingeführt haben.
Bei den TV-Medien sieht es ähnlich aus. Zwar werden in M8 verschiedene Sender mit ihren Marktanteilen aufgelistet, diese lassen sich jedoch einigen wenigen Mutterkonzernen

zuordnen. Es ist die RTL-Gruppe, die ProSiebenSat.1 Media AG und die Gruppe der Öffentlich Rechtlichen Senderanstalten. Damit ist die große Vielfalt, wie bei den Printmedien auch, nur suggestiv. Besonders deutlich wird es bei der Berichterstattung, indem man denselben Beitrag bei verschiedenen Sendern zu sehen bekommt.
Damit wird deutlich, dass es in Deutschland tatsächlich dominierende Medien gibt. Schaut man sich die Umfrage M 5 in diesem Zusammenhang an, so stellt man fest, dass diese wenigen großen Medienkonzerne einen enormen Einfluss auf die politische Meinungsbildung haben.

Konzern	Beteiligung	Medium
Bertelsmann – Media Worldwide	RTL Group (100 %)	RTL
		ntv
		VOX
		Universumfilm
		Grundy
	G+J (75 %)	Der Spiegel (26 %)
		Financial Times
		Geo
		Stern
		auto motor und sport
	Random House	Goldmann
		Heyne
		C. Bertelsmann
Axel Springer	ProSiebenSat.1media (11,5 %)	ProSieben
		Sat1
		Kabeleins
		sixx
	Bild Zeitung	
	Die Welt	
	Hörzu	
	Berliner Morgenpost	
	TV Digital	
Verlagsgruppe Georg von Holtzbrinck	Buecher.de	
	Der Tagesspiegel	
	Die Zeit	
	Handelsblatt	
	Fischerverlag	
	StudiVZ	
Hubert Burda Media	XING (6,6 %)	
	Playboy Deutschland	
	Focus	
	Bunte	
	TV Spielfilm	
	CHIP	
	Freundin	

Ausgewählte Beispiele aus der Unternehmensstruktur großer Deutscher Medienkonzerne (Stand 2014).

AV 5

Die Karikatur zeigt, dass Politiker und Medien einander brauchen: Die Medien wollen über das Leben der prominenten Politiker berichten, wie sie es z. B. bei Popstars tun. Das wollen die Leser oder Zuschauer wissen und bringt deshalb Absatz (Verkauf oder gute Einschaltquoten). Allerdings ist es den Medien dabei gleich, ob sie über positive Dinge oder über Skandale und Fehlverhalten der Politiker berichten: Beides ist für den Verkauf gleich gut. Die Politiker fürchten zwar die Medien, wenn es um solche negativen Meldungen geht, brauchen sie die Medien aber, um sich in der Öffentlichkeit darzustellen. Wer nicht im Fernsehen oder der Presse auftaucht, der ist zu wenig bekannt und wird voraussichtlich nicht viele Wählerstimmen bekommen, wenn der Gegenkandidat ständig positiv in den Medien auftaucht. Ein gutes Beispiel dafür ist, dass die Spitzenkandidaten kleinerer Parteien, die kaum Kandidaten direkt in das Parlament bringen können (Grüne, FDP), dies meistens schaffen: Sie sind häufig im Fernsehen zu sehen und tauchen in den Zeitungen und Illustrierten auf.

S. 124 – 149

Kapitel 6

Nachhaltigkeit als Aufgabe

Leistungskontrolle
Bausteine zur Leistungsüberprüfung
739k72

Didaktische Intention und roter Faden durch das Kapitel

Der Frage nach der Notwendigkeit einer nachhaltigen Ausrichtung der Wirtschaft und Politik nähern sich die Anstöße im sechsten Kapitel über die Alltagserfahrung der Schülerinnen und Schüler. Auf der Auftaktdoppelseite findet sich ein alltäglicher Einkaufszettel einer vierköpfigen Familie. Eine Problematisierung erfolgt über die Impulse zur Herkunft der Produkte oder die Kenntnisse über die Produktionsbedingungen oder die ökologischen Standards. Anhand dieses Zugangs wird für die Schülerinnen und Schüler erfahrbar, dass Nachhaltigkeit als Aufgabe durchaus bei jeder einzelnen Bürgerin und jedem einzelnen Bürger beginnt. Das Handlungsprodukt, das für dieses Unterrichtsvorhaben vorgeschlagen wird – die Entwicklung eines nachhaltigen Einkaufszettels oder Warenkorbs und den damit verbundenen Recherchen – öffnet die Perspektive von der Verantwortung des Einzelnen hin zu wirtschaftlichen und politischen Strukturen und Problemlagen sowie Handlungsmöglichkeiten. Den Schülerinnen und Schülern kann sich so die Frage stellen, ob man „global denken und lokal handeln kann" und muss.
Die Themendoppelseiten des sechsten Kapitels greifen sowohl die wirtschaftlichen und politischen wie auch die alltäglichen Aspekte der Nachhaltigkeitsthematik auf. Zunächst wird der globale Ressourcenverbrauch anhand des sogenannten ökologischen Fußabdrucks verdeutlicht. Dieses Modell führt den Schülerinnen und Schülern den ökologischen Preis für unseren vom Wohlstand geprägten Lebensstil vor Augen. Vom Einzelnen geht dann die Perspektive auf die globalen Problemlagen um den Energie- und Ressourcenverbrauch über. Hierbei spielen sowohl wirtschaftliche als auch ökologische und sicherheitspolitische Aspekte eine Rolle. Eine zentrale Themendoppelseite befasst sich mit dem Begriff der Nachhaltigkeit als solchem, bevor dieser mit Blick auf die Rolle von Unternehmen, Verbrauchern sowie technischen Entwicklungen vertieft wird.
Nicht ohne Grund beinhaltet der Einkaufszettel auf der Auftaktdoppelseite ein Pfund Kaffee. Das sechste Kapitel der **Anstöße Politik** bietet auf insgesamt sechs Doppelseiten ein Simulationsspiel zum globalen Kaffeehandel („Ernte gut – alles gut?"), mit dem sich sowohl strukturelle Fragen des internationalen Kaffeehandels als auch Fragen nach der Verantwortung der Konsumenten vertiefen lassen. Das Simulationsspiel wird auf einer Vertiefungsdoppelseite vorgestellt. Alle Spielmaterialien finden sich unter dem Online-Code als Kopiervorlagen. Die zwei folgenden Themendoppelseiten liefern dann vertiefende Materialien zum konventionellen sowie zum fairen Kaffeehandel. Die Schülerinnen und Schüler erhalten so die Gelegenheit, sich an diesem Beispiel umfänglich zu informieren und zu einer persönlichen begründeten Haltung zu gelangen.

Simulationsspiel
„Ernte gut – alles gut"
k2m5zi

Hinweise zum Einstieg

Das sechste Kapitel wählt auf der Auftaktdoppelsite einen alltagsbezogenen situativen Zugang zur Thematik der „Nachhaltigkeit als Aufgabe". Alternativ ließe sich auch mit dem Simulationsspiel „Ernte gut – alles gut!" situativ in ein Unterrichtsvorhaben zu diesem Themenfeld einsteigen. Der Reiheneinstieg über das Spiel mag eine „Luxusvariante" des Unterrichts darstellen, denn es ist ein zeitlicher Aufwand von sicher fünf bis sechs Unterrichtsstunden einzuplanen. Allerdings ermöglicht das Spiel durch den Wechsel der Konsumenten- in die Produzentenperspektive eine Fülle an Erfahrungen, die sich intensiv auswerten und für den weiteren Lernprozess der Schülerinnen und Schüler ertragreich machen lassen.

Der globale Ressourcenverbrauch

S. 126/127

Raubbau für unseren Wohlstand?

Lösungshinweise zu den Arbeitsvorschlägen

AV1

Der ökologische Fußabdruck fasst jede menschliche Aktivität im Hinblick auf Ressourcennutzung und -verbrauch zusammen.
Sechs Indikatoren dienen der Errechnung des ökologischen Fußabdrucks:

1. Kohlenstoffaufnahme – Welche Fläche an Wald müsste vorhanden sein, um den CO_2-Ausstoß aufzunehmen?
2. Weideland – Welche Fläche an Weideland wird für die Produktion von Fleisch, Milch, Tierhäuten, Wolle genutzt?
3. Wald – Welche Holzmenge wird jährlich verbraucht?
4. Fischgründe – Welche Menge an Fischen und anderen Wasserlebewesen werden im Meer und im Süßwasser gefangen?
5. Ackerland – Welche Fläche an Boden wird zur Erzeugung von Lebensmitteln und Pflanzenfasern genutzt?
6. Bebautes Land – Welche Fläche an Boden wird durch menschliche Bauten belegt?

Kopiervorlage
„CO_2 – Bewusst leben, aber wie?"
y565q9

Der ökologische Fußabdruck stellt dar, was jeder einzelne Mensch bzw. die Menschheit jährlich an Biokapazität der Erde verbraucht. Momentan verbrauchen wir Menschen jährlich viel mehr an Ressourcen der Erde, als die Natur durch Regeneration wiederherstellen kann.
Im Living Planet Report des WWF für 2012 wird dargestellt, dass 2008 die Biokapazität der Erde 12 Milliarden gha betrug. Dies bedeutet, dass für jeden Menschen auf der Erde durchschnittlich 1,8 gha pro Kopf zur Verfügung standen. Der tatsächliche ökologische Fußabdruck der Menschheit betrug allerdings 18,2 Milliarden gha bzw. 2,7 gha pro Kopf. Dies bedeutet, dass die Menschheit, d. h. vor allem die Industrie- und Schwellenstaaten, viel mehr verbraucht hat, als die Erde an Ressourcen bietet. Allein für das Jahr 2008 bedeutet dies, dass es 1,5 Jahre dauern würde, bis die Erde die verbrauchten erneuerbaren Ressourcen regeneriert hätte.
Der Lebensstandard in den Industrieländern ist sehr hoch. Entsprechend hoch ist dort der Verbrauch an Ressourcen und die Belastung der Umwelt durch Schadstoffe und den CO_2-Ausstoß. Ein Beispiel dafür ist der hohe Fleischverbrauch in den Industrieländern, der mit dazu beiträgt, dass Wälder abgeholzt werden, um Platz für Weiden oder Plantagen zu generieren. Aufstrebende Wirtschaftsnationen verweisen darauf, dass die USA auf 1 000 t CO_2 pro Kopf, Deutschland auf 800 t, China auf 60 t, Indien auf 25 t kommen, wenn man die vergangenen 200 Jahre einberechnet. Allerdings nutzen sie diese richtigen Argumente oft dafür, selbst nichts in Sachen Umweltschutz und Klimabelastung tun zu müssen. Auch der ökologische Fußabdruck weist darauf hin, dass die Industriestaaten über die Verhältnisse der Erde leben: „Wenn alle Menschen so leben würden wie wir, bräuchten wir 2,8 Erden, denn der deutsche Fußabdruck ist 5,09 Hektar groß. Der gerechte ökologische Fußabdruck liegt jedoch bei 1,9 Hektar." (M 4)

AV2

Individuelle Lösungen der Schülerinnen und Schüler
Hinweis: Alle Beispiele bezüglich der Energieversorgung, der Umweltbelastung durch Abgase, des Fleischverbrauchs, o. ä. eignen sich besonders gut. Beispiele hinsichtlich des Trinkwassers und der Tragfähigkeit der Böden sind differenzierter zu betrachten, da hier auch Aspekte der Bevölkerungszunahme und technischer Förderung (z. B. Trinkwasserzubereitung) hineinspielen, es also nicht nur um Boden- und Trinkwasserverbrauch im Zuge der Industrialisierung geht.

AV3

Individuelle Lösungen der Schülerinnen und Schüler
Hinweise: Die Karikatur geht davon aus, dass die Nutzung der Ressourcen der Erde zunimmt und die Anzahl der Menschen, die von diesen Ressourcen nicht profitieren, zunimmt.

Die bisherige Technik und Wirtschaftsweise geht von einer fast unbegrenzten Verfügbarkeit von Energie und natürlichen Ressourcen aus. Ölknappheit, Erderwärmung durch hohen CO_2-Ausstoß und Gefahren der Atomenergie sorgen für eine Renaissance erneuerbarer Energien. Technologischer Fortschritt hat während der letzten 200 Jahre dafür gesorgt, dass sich die Arbeitsproduktivität verzwanzigfacht hat. In der aktuellen Situation knapper werdender Rohstoffe und Ressourcen muss der technologische Fortschritt eine neue Zielrichtung bekommen: Ressourcenproduktivität, d. h. Techniken, Maschinen, Geräte und Produktionsweisen zu finden, die die vorhandenen Ressourcen effektiver nutzen, um sie letztlich zu schonen. Dies bedeutet bereits mittelfristig einen Wettbewerbsvorteil für diejenigen Staaten, die sich der Forschung und Umsetzung von Ressourcenproduktivität widmen.

Globale Energie- und Ressourcenknappheit

S. 128–131

Konfliktpotenzial oder Chance zur Kooperation?

Lösungshinweise zu den Arbeitsvorschlägen

AV 1

Am Beispiel der sogenannten Seltenen Erden lassen sich sehr gut die Merkmale der weltweiten Entwicklung des Rohstoffbedarfs sowie mögliche sicherheitspolitische Folgen dieser Entwicklungen erarbeiten. Bei den Seltenen Erden handelt es sich um Rohstoffe, die für High-Tech-Produkte wie Mobiltelefone, Sonnenkollektoren oder auch Glasfaserkabel von entscheidender Bedeutung sind. In den kommenden Jahren wird sich hier die Situation einer rasanten Verknappung dieser Rohstoffe ergeben, denn zum einen wächst die Nachfrage nach diesen Rohstoffen und zum anderen nimmt die Bedeutung der Technologien, in denen sie verbaut werden, zu. Die Tatsache, dass viele Schwellen- und Entwicklungsländer in den nächsten Jahren in der Produktion und im Konsum zu den Industrienationen aufschließen werden, verschärft die Situation noch. Allerdings gibt es nur wenige Regionen auf der Erde, in denen die Seltenen Erden vorkommen und abgebaut werden können – im Wesentlichen ist dies die Volksrepublik China. Die Regierung in Peking hat diese nahezu monopolartige Stellung bereits im Blick und strenge Förder- und Ausfuhrgesetzte beschlossen.
Hier zeichnen sich zum einen mögliche internationale Konflikte um derartige Ressourcen ab. Allerdings gibt es auch konfliktreiche innerstaatliche Entwicklungen mit Blick auf den Abbau und Handel wichtiger Rohstoffe. In einigen Ländern der Erde finanzieren sogenannte Warlords ihre Rebellengruppen und staatsinternen Kriege über den Handel mit wichtigen Rohstoffen. Und ebenso sind diese Rohstoffvorkommen zentrale Motive für innerstaatliche Konflikt und Kriege um die Abbau- und Handelsrechte.

AV 2

Mit seiner Karikatur M 1 spielt der Karikaturist Thomas Plaßmann auf die Möglichkeit an, dass Industrienationen sich über militärische Interventionen den Zugang zu wichtigen Rohstoffen oder Energiequellen sichern. Da ein solcher Militäreinsatz mit der grundgesetzlich verankerten Aufgabe der Bundeswehr nicht zu vereinbaren wäre, stellt die Karikatur sicher eine Provokation dar. Sie öffnet zugleich aber die Perspektive zu möglichen internationalen Konflikten um Rohstoffe und Energie.
Viel eindeutiger ist die Wirkkraft von Rohstoffen als Ziel und Mittel militärischer Konflikte in den sogenannten Staatenzerfallsregionen, in denen regional operierende Warlords eigene Gebiete kontrollieren und in denen es keine stabile Staatsgewalt gibt. Hier finanzieren die Warlords ihre Truppen über die Gewinne aus dem Abbau und dem Handel mit nachgefragten Rohstoffen. Ebenso sind Regionen, in denen diese begehrten Rohstoffe vorkommen, Ziel der Konflikte und Kämpfe zwischen den Warlords oder den Warlords und einer Zentralregierung. Die internationale Nachfrage nach Rohstoffen bietet hier eine Finanzierungsmöglichkeit der militärischen Gewalt und ist zugleich Motiv zur Aufrechterhaltung militärischer Konflikte.

AV 3

Das Bild der „Entzündlichkeit der Welt" verankert der Text M 5 an der Bobachtung, dass es nicht mehr die zentrale Frage sei, ob es genügend Ressourcen auf der Welt geben wird, sondern an wen und wofür sie verteilt werden. Die Verfasser dieses Textes machen zudem darauf aufmerksam, dass die Konflikte um immer knapper werdende Ressourcen alle bereits bestehenden Ungerechtigkeiten zwischen den wohlhabenden Industrienationen und den ärmeren Ländern dieser Erde potenzieren werden. Die ärmeren Regionen dieser Welt werden nicht nur im Kampf um den Zugang zu wichtigen Rohstoffen, wie z. B. Öl, das Nachsehen haben. Sie werden auch den Druck der Folgen des Verbrauchs dieser Rohstoffe, z. B. die Konsequenzen des weltweiten Klimawandels, am härtesten zu spüren bekommen. In dieser Gemengelage steigt das Konfliktpotenzial innerhalb der Regionen dieser Erde, aber auch zwischen den Staaten und Regionen. In diesem Sinne macht die Rohstoffknappheit die Welt „entzündlich".

AV 4

Die Abbildung M 6 veranschaulicht, was wir unter den Seltenen Erden zu verstehen haben. Sinnbildlich auch, dass die Erze in der Hand eines farbigen Menschen liegen, was auf die Abbauregionen verweist. Das Material M 6 verweist dann auf die Strukturen der sogenannten Staatenzerfallskriege, bei denen der Abbau und der Handel mit wichtigen Rohstoffen eine zentrale Rolle spielt (AV 3). Mit Blick auf diese Zusammenhänge erscheint die Bezeichnung als „Blutmineralien" durchaus gerechtfertigt.

AV 5

Nachdem die Arbeit mit den bisherigen Materialien einen eher negativen Blick auf die Entwicklungen der Ressourcennachfrage und möglichen Konflikt um knappe Ressourcen bedingt hat, eröffnet der Text M 7 nun eine andere Perspektive auf diese Problemlage. Ohne die Ausgangslage zu verkennen oder den Problemdruck zu leugnen, verweisen die Verfasser dieses Textes auf das Kooperationspotenzial, das auch in dieser Problemlage zu sehen ist. Zum einen machen sie darauf aufmerksam, dass Rohstoffinteressen bei den zahlreichen Konflikten in der Welt wohl eine Rolle, aber niemals die entscheidende Konfliktursache gespielt haben. Zum anderen ließen sich die Rohstoffkonflikte in aller Regel gar nicht militärisch lösen. Alle Akteure (z. B. Einzelstaaten, Unternehmen, Institutionen) müssten daher nach anderen – friedlichen – Wegen des Interessenausgleichs suchen. So müssten Rohstoffinteressen mittel- und langfristig nicht notwendig in gewaltsamen Konflikten enden, sondern könnten auch zu einer internationalen Kultur des Interessenausgleichs und der friedlichen Konfliktlösung beitragen.

Weltverbessern will gelernt sein

S. 132–135

Klimawandel: Konfliktpotenzial und politische Herausforderung

Lösungshinweise zu den Arbeitsvorschlägen

Kopiervorlage
„Das Desertec Projekt"
7m8q8b

AV1

Die Karikatur von Heiko Sakurai aus dem Jahr 2008 zeigt vier Personen (drei männliche und eine weibliche), die sich in einem Raum auf Stühlen gegenüber sitzen. Eine fünfte Person ist lediglich angedeutet. Die Kleidung der Personen ist einheitlich und in allen Fällen zu eng. Die beiden Personen auf der linken Bildhälfte haben den Schriftzug „CO_2" auf ihren Oberteilen stehen. Die rechts sitzende Person trägt zudem den Schriftzug „China" auf ihrem Ärmel. Die im Vordergrund sitzende Person trägt einen Turban und hat den Schriftzug „Indien" auf dem Rücken. Auffällig ist, dass die weibliche Person einen Zettel mit der Aufschrift „Diätplan" in die Runde hält. Die Person mit dem Schriftzug China deutet mit dem Zeigefinger auf die zwei Personen links von ihr und sagt: „Sie sind schon länger übergewichtig als wir, deshalb fangen Sie schön an!"
Es ist anzunehmen, dass es sich bei den abgebildeten Personen um ehemalige oder aktuelle Staats- und Regierungschefs handelt und zwar von links nach rechts: George W. Bush (USA), Angela Merkel (Bundesrepublik Deutschland), Hu Jintao (Volksrepublik China) und Manmohan Singh (Indien). Die starke Übergewichtigkeit der Personen soll den von ihnen verschuldeten Anteil am globalen CO_2-Ausstoß darstellen. Es entsteht der Eindruck, als säßen die Regierungschefs in einer Art Gesprächs- oder Therapierunde. Der Zettel „Diätplan" verweist auf das Ziel dieser Runde, nämlich die Verringerung des nationalen CO_2-Ausstoßes – ein Vorschlag, den offensichtlich Angela Merkel in die Runde eingebracht hat. Der amerikanische Präsident wirkt in seiner Gestik und Mimik fast teilnahmslos, während der chinesische und indische Regierungschef mit verschränkten Armen sitzen oder Vorwürfe erheben.
Die Karikatur spielt auf die UN-Klimakonferenzen und hierbei konkret auf den Einbezug der sogenannten Schwellen- und Entwicklungsländer (hier durch die bevölkerungsreichsten Länder China und Indien repräsentiert) bei der Verringerung des CO_2-Ausstoßes an. Die Fettleibigkeit aller beteiligten Personen zeigt an, dass alle als weltweite „Klimasünder" gelten können. Die Industrieländer verursachen seit Jahrzehnten einen Großteil der schädlichen Emissionen und Schwellenländer wie China und Indien erfüllen zunehmend das gleiche Schema. Zudem deutet die extreme Fettleibigkeit auf die Dringlichkeit des Themas, da sie Stühle unter dem Gewicht der Personen bereits zusammenzubrechen drohen. Während der Karikaturist durch die Fettleibigkeit die Schuld an den Klimaproblemen eindeutig bei allen Personen sieht, spricht die dargestellte Reaktion der Personen auf den Diätplan Bände. Die Teilnahmslosigkeit George W. Bushs verweist auf die weitgehende Verweigerungshaltung der USA bei der Ratifizierung und Umsetzung von Klimaabkommen. Dies greift der chinesische Regierungschef auf und entwickelt daraus die Forderung, dass die Industriestaaten zuerst mit der Reduktion ihrer Emissionen beginnen müssten. Derartige Schuldzuweisungen sind allerdings nicht lösungsorientiert und führen bei den Verhandlungen zu einem Klimaabkommen eher zu einem Stillstand.
Diese Aspekte können die Schülerinnen und Schüler bei der Umsetzung der Aussagen der Karikatur in einem Streitgespräch entdecken und – auch wenn sie die Personen nicht erkennen – kreativ einbringen.

AV2

Folgen des Klimawandels	Mögliche Sicherheitsrisiken
- Polkappen und Gletscher schmelzen ab. - Der Meeresspiegel steigt. - Der für das europäische Klima so wichtige Golfstrom wird geschwächt. - Wetterextreme nehmen zu. - Vegetationszonen verschieben sich. - Krankheitserreger erobern neue Regionen.	- Klimawandel ist ein „Bedrohungsmultiplikator", der bestehende Probleme verschärft. - Verfügbarkeit von Trinkwasser wird knapp, was zu Konflikten führen kann. - Gesellschaften werden instabiler und ethnische oder religiöse Konflikte brechen auf. - Umweltkatastrophen führen zu Flüchtlingsströmen. - Veränderungen der Vegetationszonen führen zu weiterer Migration und Konflikten um fruchtbares Land.

AV3

Die Schülerinnen und Schüler sollen erkennen und benennen, dass der Klimawandel nicht nur die unmittelbaren Folgen für Europa hat, wie z. B. die Konfrontation mit zunehmenden Wetterextremen oder Umweltkatastrophen. Vor allem die durch den Klimawandel ausgelösten Konflikte könnten Europa zu ggf. auch militärischen Reaktionen herausfordern oder für Europa wirtschaftliche Folgen haben. Auch den weltweit anwachsenden Flüchtlingsströmen wird sich Europa nicht entziehen können, da die EU für viele Flüchtlinge eine interessantes Ziel sein wird.

AV4

Unter Bezug auf die unter AV2 entwickelte tabellarische Übersicht werden die Schülerinnen und Schüler sicher zunächst die sicherheitspolitischen Risiken des Klimawandels diskutieren. Allerdings kann die Arbeit mit dem Material M7 diese vielleicht einseitige Sicht der Problemlage aufbrechen. Die Verfasser des Textes M7 betonen neben den sicherheitspolitischen Risiken nämlich auch die in der Bewältigung der Folgen des Klimawandels liegenden Chancen für die internationale Zusammenarbeit. Hier lassen sich ebenfalls internationale Mechanismen der friedlichen Krisenbewältigung entwickeln und einüben. In der gemeinsamen Kraftanstrengung gegen den Klimawandel sehen die Verfasser eine Chance für die Weltgemeinschaft und appellieren so an die Industrienationen und allen voran die EU, hier eine Vorreiterrolle zu übernehmen.

AV5

Unter Hinweis auf die Materialien M8 und M9 werden die Schülerinnen und Schüler über die Auseinandersetzung mit einer These zur Bildung eines eigenen begründeten Standpunktes herausgefordert. In der Gesamtschau der Ergebnisse der Arbeit mit den Themenseiten können die Schülerinnen und Schüler sicher eine moralische Verpflichtung der Industrienationen gegenüber den ärmeren Ländern bei der Bewältigung der Folgen des Klimawandels ableiten. Allerdings können auch andere – durchaus egoistische und weniger altruistische – Motive für die Anstrengungen der Industrienationen in Sachen Klimaschutz gefunden und vertreten werden.

Unser Umgang mit der Einen Welt

S. 136/137

Nachhaltigkeit oder nach uns die Sintflut?

Lösungshinweise zu den Arbeitsvorschlägen

Kopiervorlage
„Begriffe finden"
p3tq5u

AV1

Die Karikatur von Horst Haizinger aus dem Jahr 1988 zeigt einen Kinderwagen mit einem Kleinkind (die nachfolgende Generation), das einen Globus in den Händen hält. Dieser Globus ist schwarz eingefärbt und deformiert. Es gibt kahle Stellen, die für dauerhaft unbewohnbar gemachte Landflächen stehen, tote Tiere und Fische, die das Artensterben und die Überfischung der Meere symbolisieren. Kahle Bäume verweisen auf das Waldsterben und rauchende Schornsteine auf die Industrien (hier vor allem auf der Nordhalbkugel) als Verursacher der Umweltschäden. Am unteren Ende läuft die Erde aus, was auf das Abschmelzen der Polkappen und Gletscher sowie auf den Anstieg des Meeresspiegels verweisen kann. Insgesamt erscheint die Welt in einem erbärmlichen Zustand. Am Globus befestigt hängt ein Schild, mit der Aufschrift „Mit bestem Dank zurück!" Dieses Schild stellt eine Beziehung zu der Aufschrift im Bildhintergrund her, der lautet: „Wir haben die Erde von unseren Kindern nur geliehen".
Der Karikaturist zeichnet eine Welt, auf der die Lebensgrundlagen der Menschen völlig zerstört sind, und die in diesem Zustand der nachfolgenden Generation übergeben werden soll. Die nachfolgende Generation ist in keiner Weise für die vorgefundenen Schäden der Erde verantwortlich, wird aber auf dieser Welt leben müssen. Der Elterngeneration gilt daher der Vorwurf, die Erde im wahrsten Sinne des Wortes zugrunde gerichtet zu haben. Der Schriftzug „Mit bestem Dank zurück!" ist in diesem Kontext ironisch zu verstehen. Das Kleinkind im Kinderwagen symbolisiert die Wehrlosigkeit und das Ausgeliefertsein der nachfolgenden Generation. Horst Haizinger kritisiert auf diese Weise den gegenwärtigen Umgang mit der Erde und ihren Ressourcen. Aus seiner Darstellung lassen sich Appelle an die Betrachter der Karikatur ableiten, die für einen sorgsameren und nachhaltigeren Umgang mit den natürlichen Ressourcen der Erde, dem Boden und den Wäldern, der Luft und dem Wasser plädieren, damit die Lebensgrundlage der nachfolgenden Generationen gesichert bleibt. Die Karikatur ist somit gut geeignet, im auswertenden Gespräch Problemlagen zu erkennen und Perspektiven für die Entwicklung eines Nachhaltigkeitsbegriffes zu eröffnen.

AV2

Das Prinzip der Nachhaltigkeit hat seinen Ursprung in der Waldwirtschaft. Dort sollte nur so viel Holz in einem Wald geschlagen werden, wie in angemessener Zeit wieder nachwachsen konnte.
Mit Blick auf die heutigen Wirtschaftszusammenhänge macht das Prinzip der Nachhaltigkeit ein Handeln zur Richtlinie, welches sich für die Zukunft daran orientiert, die Lebensbedingungen der heutigen Generation auch für die Zukunft zu sichern. Dies umfasst vor allem die Erhaltung der Umwelt und eine Wirtschaft, die die Sicherung der Grundbedürfnisse aller Menschen im Blick hat und garantiert. Gleichzeitig sollen die Gesellschaften effizient mit den begrenzten Ressourcen der Erde umgehen, den Erhalt sozialer und kultureller Gemeinschaften sichern sowie Konflikte auf der Welt mit friedlichen Mitteln lösen. Insgesamt geht es um einen fairen Ausgleich innerhalb einer Generation (intragenerational) und unter den Generationen (intergenerational), der bestimmten Nachhaltigkeitsregeln (Abbauregel, Substitutionsregel, Assimilationsregel und Erhaltungsregel) folgt.

AV3

Die Schülerinnen und Schüler sollen an dieser Stelle für die multiperspektivischen Zusammenhänge der Problemlage sensibilisiert werden. In der Diskussion sollen sie erkennen, dass mit Bick auf die Umsetzung von Nachhaltigkeitsprinzipien unterschiedlichste Akteure in Politik, Wirtschaft und Gesellschaft am Werk sind (z. B. Unternehmer, Konsumenten, Politiker) und dies nicht nur national, sondern auch international. Dies macht es auf der einen Seite so schwierig, genau zu definieren, was unter Nachhaltigkeit exakt zu verstehen ist. Auf der anderen Seite werden konkrete Entscheidungen durch die Beteiligung so zahlreicher Akteure verlangsamt oder auch verhindert.

AV 4

Diese Aufgabenstellung zielt auf individuelle Lösungen der Schülerinnen und Schüler ab. An konkreten Beispielen sollen sie Handlungsoptionen durchdenken und ihre Bereitschaft zu Änderungen im Verhalten oder den Konsumgewohnheiten ausloten. Mögliche Aspekte könnten dabei sein:

Man kann sich über Unternehmen und Produktionsbedingungen informieren und auf dieser Grundlage eine bewusste, nachhaltige Konsumentscheidung treffen. Zum Beispiel kann man das Obst und Gemüse von lokalen Anbietern oder Kleidung von Unternehmen kaufen, die sich auf bestimmte Sozialstandards bei der Herstellung ihrer Produkte verpflichtet haben.

Bei einer Kaufentscheidung gibt es natürlich auch die Möglichkeit, von den langfristigen Kosten und nicht nur vom günstigen Anschaffungspreis auszugehen. Zum Beispiel kann der Energieverbrauch bei Elektrogeräten im Haushalt mit in die Kaufentscheidung einbezogen werden. Zudem gibt es immer die Möglichkeit, häufiger auf öffentliche Verkehrsmittel oder das Fahrrad umzusteigen, statt den eigenen PKW zu nutzen, um den CO_2-Ausstoß zu verringern.

Vertiefung: Zwischen Ökonomie und Ökologie

S. 138/139

Nachhaltigkeit als Unternehmensziel?

Lösungshinweise zu den Arbeitsvorschlägen

AV 1

Die Karikatur von Gerhard Mester zeigt einen LKW mit der Aufschrift „Globalisierung". Durch die geöffnete Ladeklappe sind eine Reihe von Paketen zu sehen, auf denen die Schriftzüge „Sozialdumping", Massenproduktion", „Billiglöhne", „Ausbeutung" und „Rationalisierung" zu lesen sind. Vor dem LKW stehen zwei Personen, von denen eine ein weiteres Paket mit der Aufschrift „Umweltschutz" transportiert. Die zweite Person macht darauf aufmerksam, dass für dieses Paket im LKW kein Platz mehr ist.
Die Karikatur spielt auf die Zielkonflikte in einer globalisierten Wirtschaft an. Unter Globalisierungsdruck entscheiden sich viele Unternehmensführungen nach Auffassung des Karikaturisten Gerhard Mester für betriebswirtschaftliche Maßnahmen (wie z. B. Rationalisierung) oder fragwürdige Methoden (wie z. B. „Ausbeutung" und „Sozialdumping") und lassen dabei den Umweltschutz außer Acht. Die Karikatur unterstellt den Unternehmen eher pauschal ein Ausblenden des Umweltschutzes und steht mit ihrer Aussage in einer Spannung zum Material M 3, das die Bedeutung des Themas Ökologie und einer nachhaltigen Wirtschaftsweise für viele deutsche Unternehmen herausstellt.

AV 2

Das Material M 3 verdeutlicht – in Spannung zu den Aussagen der Karikatur –, dass Nachhaltigkeit ein deutlich wahrgenommenes und perspektivisch wichtiges Thema in vielen deutschen Unternehmen ist (Bezug: Befragung von 112 deutschen Unternehmen 2009/2010 durch das Institut der deutschen Wirtschaft in Köln).
Der Text M 4 macht daran anknüpfend darauf aufmerksam, dass Unternehmen, die das Thema Nachhaltigkeit proaktiv angehen, durchaus Vorteile haben: Als Bespiele nennt das Material Ressourcen- und Effizienzgewinne bei gleichzeitiger Kosteneinsparung, Produktneuerungen, strategischen Allianzen oder langfristige Kunden- und Mitarbeiterbindung. Die Ausrichtung eines Unternehmens auf Nachhaltigkeit kann – nach Ansicht der Verfasser von M 4 – sowohl eine Innovationsspritze als auch eine Differenzierungsmöglichkeit gegenüber anderen Unternehmen im Wettbewerb sein.

AV 3

Anknüpfend an das abschließende Beispiel des Materials M 4 – dem Imageschaden durch den Einsatz gesundheitsschädlicher Chemikalien in der Sportartikelherstellung – können die Schülerinnen und Schüler ihre Einflussmöglichkeiten auf ein nachhaltiges Wirtschaften der Unternehmen diskutieren. Zentrale Aspekte könnten dabei sein: Informationstransparenz bei Konsumgütern mit Blick auf die Produktionsbedingungen, Einflussmöglichkeiten des Konsumenten durch eine bewusste Kaufentscheidung, nachhaltiger Konsum mit Blick auf eingesetzte Rohstoffe und Produktzyklen, Rolle von Verbraucherschutzverbänden, Umweltschutzorganisationen und Nichtregierungsorganisationen (NGOs), etc.

S. 140/141

Vertiefung: Hightech für die Umwelt

Welchen Beitrag können neue Technologien leisten?

Lösungshinweise zu den Arbeitsvorschlägen

AV 1
Umwelttechnologien (in Zusammenarbeit mit der Chemie- und Kunststoffbranche):
- Wasser- und Abwassertechnologien,
- Entsorgungstechniken,
- Luftreinhaltetechnologien,
- Bodensanierungstechniken,
- Mess- und Regeltechniken,
- Ressourceneffizienztechnologien und -dienstleistungen,
- umweltfreundliche Produkte.

Nano- und Biotechnologien stellen das für die Umwelttechnologien notwendige Wissen und innovative Technologien bereit. Auch hier spielt die in Nordrhein-Westfalen starke Chemiebranche eine wichtige Rolle.

AV 2
Umwelttechnologien sind ein bedeutsamer Wachstumsmarkt, an dem Nordrhein-Westfalen einen großen Anteil im Vergleich der Bundesländer hat: Mit ca. 60 Mrd. € Umsatz in diesem Bereich ist NRW das erfolgreichste Bundesland.
Neben den positiven Effekten für die Umwelt, sind die Umwelttechnologien Wachstumstreiber und Beschäftigungsmotor für NRW: Mit mehr als 270 000 Beschäftigten in mehr als 3 000 Betrieben bietet die Branche der Umwelttechnologien bereits mehr Menschen einen Arbeitsplatz als die in NRW starke Chemie- und Kunststoffbranche.
Entsprechend werden diese Technologien in NRW durch das Land vor allem im Bereich der Forschung und Bildung unterstützt.
Quelle: http://www.umweltcluster-nrw.de/data/files/145/Jahresbroschuere_CUT_2014.pdf.S.5

AV 3
Individuelle Lösungen der Schülerinnen und Schüler
Hinweise:
Bis 2025 soll sich das globale Umsatzvolumen im Bereich Umwelttechnik auf rund 4,4 Bio. € (2011: 2,04 Bio. €) verdoppeln. Die Chancen für deutsche Anbieter sind aussichtsreich: „Deutschland gilt in vielen Segmenten der Umwelttechnik als Technologieführer. Der Anteil deutscher Anbieter am Weltmarkt der Branche lag in den letzten Jahren bei rund 15 Prozent – Tendenz steigend", sagt Daniela Vaziri, Ansprechpartnerin für Auslandsmärkte im Bereich der Entsorgungswirtschaft bei Germany Trade & Invest.
Quelle: http://www.umweltcluster-nrw.de und BMUB

Die Verantwortung der Verbraucher

S. 142/143

Welche Rolle spielt der nachhaltige Konsum?

Lösungshinweise zu den Arbeitsvorschlägen

AV 1

Die Umweltbilanz für den sogenannten Biosprit ist seit Langem heftig umstritten: Zunächst ist davon auszugehen, dass für den Anbau von Pflanzen, die zur Herstellung des Biosprits in Frage kommen, Wälder abgeholzt werden, die die größten Absorbierer von CO_2 in der Luft darstellen, d.h. die Folge ist, dass ökologisch wertvolle Flächen mit hoher CO_2-Bindung zugunsten ökologisch minderwertigen Ackerlands vernichtet werden.
Abgesehen davon, ist die Erzeugung des Biosprits mit dafür verantwortlich, dass sich die Ernährungssituation in den Entwicklungsländern verschärft: Bei der Herstellung von Biosprit werden Pflanzen wie Zuckerrüben oder Getreide genutzt, die eigentlich Nahrungsmittel sind. Das macht Nahrungsmittel teurer und die Leittragenden sind wieder die Menschen in den armen Ländern.

AV 2

Individuelle Lösungen der Schülerinnen und Schüler
Hinweise: Die Meinungen darüber, ob Verbraucher durch ihr Verhalten etwas bewegen können hinsichtlich nachhaltiger Produktion durch nachhaltigen Konsum, sind geteilt.
Positive Einschätzungen sehen einen „Trend zur Moral", der sich in „konsumkritischen Strömungen und Aktivitäten" widerspiegele. Das Interesse der Konsumenten richte sich in letzter Zeit zunehmend u.a. auf die Löhne von Kaffeebauern, auf mögliche Schadstoffe in Waren oder den CO_2- Ausstoß der Autos. An die Stelle der Schnäppchenmentalität und des demonstrativen Luxus trete zunehmend eine neue Haltung der Verantwortung, die sich auf die schädlichen Folgen des Konsums ausrichte. Die Frage danach, ob es sich bei diesem Trend um eine Mode bzw. kurzlebige Erscheinung handele, wird von Etlichen verneint, da wachsende Umweltschäden, soziale Ungleichheiten und wiederkehrende Wirtschaftskrisen zu einer Situation geführt hätten, in der das ökonomische Handeln zunehmend moralisch hinterfragt werde. Dies scheint eine Befragung durch das Bundesumweltministerium zum Umweltbewusstsein in Deutschland zu bestätigen: Verbraucher achten beim Kauf von Haushaltsgeräten auf einen niedrigen Energieverbrauch und die Langlebigkeit der Geräte. Außerdem kauften mehr Verbraucher gezielt Obst und Gemüse aus der Region, bevorzugten Produkte aus fairem Handel und boykottierten Produkte von Firmen, die sich nachweislich umweltschädigend verhielten.
Andererseits gibt es diejenigen, die dem „nachhaltigen Konsumenten" skeptisch gegenüberstehen, weil sie nicht davon ausgehen, dass Bürgerinnen und Bürger, wenn sie denn ökologisch und sozial verantwortlich denken, dies auch in die Tat umsetzen. Sie sehen nicht, dass nachhaltiges Konsumentenverhalten auf freiwilliger Basis zu erreichen sei. Vielmehr müsse das über Preise, steuerliche Anreize, Auflagen und Verbote durch den Staat gesteuert werden.

AV 3

Individuelle Lösungen der Schülerinnen und Schüler; vgl. Hinweise zu AV 2

AV 4

Individuelle Lösungen der Schülerinnen und Schüler; vgl. Hinweise zu AV 2
Wer nachhaltig konsumiert, achtet darauf, dass die Waren nicht durch Kinderarbeit oder Bedingungen der Sklaverei hergestellt und gerechte Löhne und Preise bezahlt werden. Nachhaltiger Konsum bedeutet im Sinne des Umweltschutzes, dass man darauf achtet, dass sorgfältig und sparsam mit Rohstoffen umgegangen wird, giftige Pflanzenschutzmittel und weite Transporte vermieden werden.

S. 144/145

Vertiefung: Ernte gut – alles gut?

Ein Simulationsspiel zum globalen Kaffeehandel

Simulationsspiel
„Ernte gut – alles gut“
k2m5zi

Lösungshinweise zu den Arbeitsvorschlägen

AV 1
Dieser Arbeitsvorschlag bietet Impulse zur Reflexion der Spielerfahrungen der Schülerinnen und Schüler mit Blick auf die Rollen im Simulationsspiel (Kaffeebauern und Zwischenhändler).

AV 2
Dieser Arbeitsvorschlag regt Impulse zur Reflexion der im Spiel ausprobierten Strategien an. Erfolgreiche und weniger erfolgreiche Strategien sollen analysiert und mit Blick auf die strukturellen Hintergründe des globalen Kaffeehandels ausgewertet werden.

AV 3
Dieser Arbeitsvorschlag öffnet die Perspektive von den Erfahrungen der Simulationsspiels zu weiteren möglichen Handlungsalternativen, die nicht im Spiel genutzt wurden, und deren notwendige Bedingungen. Hier könnten die Schülerinnen und Schüler beispielsweise auf eine mögliche gewerkschaftliche Organisation der Kaffeebauern oder auf Absprachen zur Kontrolle der Anbaumengen und des Kaffeepreises hinweisen.

Was macht unseren Kaffee so bitter?

S. 146/147

Konventionelle Kaffeeproduktion und Kaffeehandel

Lösungshinweise zu den Arbeitsvorschlägen

AV 1

Die Abbildung M1 verdeutlicht die Anteile, die alle an der Kaffeeproduktion und am Kaffeehandel beteiligten Personen, Unternehmen und Institutionen erhalten. Dabei werden sowohl die Anteile beim normalen, konventionellen Kaffeehandel wie auch beim fair gehandelten Kaffee gegenübergestellt. Die Schülerinnen und Schüler sind so beispielsweise in der Lage, den von ihnen als Konsumenten zu zahlenden Preis für ein Pfund Kaffee auf die einzelnen Akteure der Produktions- und Handelskette herunterzurechnen.
An diesem Punkt kann auch eine Problematisierung der Strukturen des globalen Kaffeehandels ansetzen: Im konventionellen Kaffeehandel bleibt den Kaffeebauern kaum etwas als Arbeitslohn. Neben den Steuern, Zöllen und Gebühren streichen sich die Röster und der Einzelhandel die größten Gewinne ein. Deutlich anders sieht die Aufteilung beim fair erzeugten und gehandelten Kaffee aus, bei dem ein Anteil von 30% bei den Kaffeebauern verbleibt, bzw. ankommt. Dies eröffnet die Perspektive zum Konsumenten und der Frage, wie sich die Schülerinnen und Schüler in der Rolle der Konsumenten verhalten wollen. Mit Blick auf die z.T. deutlichen Preisunterschiede zwischen dem konventionellen und dem fair gehandelten Kaffee wird sicher die Frage aufkommen, ob man sich diesen Preis leisten kann und möchte („Ein gutes Gewissen muss man sich leisten können!"). Hier ist vielleicht ein Herunterbrechen der Mehrkosten auf eine einzelne Tasse Kaffee sinnvoll, um die Preisdimensionen, von denen hier die Rede ist, zu relativieren. Zum anderen kann der Blick auf den hohen Anteil an Steuern, Zöllen und Gebühren fallen und die Frage diskutiert werden, warum der Staat an diesem Konsumgut so kräftig mitverdienen will und ob er dies muss (Online-Code „Eine Tasse Gerechtigkeit").

AV 2

Das Material M2 richtet den Blick auf Vietnam und damit auf die Region, die auch im Simulationsspiel eine entscheidende Rolle spielt. Anhand dieses Textes lassen sich viele Aspekte des Spiels auf ihren Realitätsbezug hin überprüfen sowie die gemachten Spielerfahrungen mit Hintergrundwissen anreichern.
Noch vor einigen Jahrzehnten hat der Kaffeeanbau einigen Kleinbauern in Vietnam zunächst einen deutlichen Wohlstandsschub beschert. Mit dem Absturz der Kaffeepreise und den heute durch Spekulation und Überproduktion bedingten Preisschwankungen auf den internationalen Kaffeebörsen haben viele Kleinbauern ihre Existenzgrundlage verloren. Um den Kaffeemarkt wieder in ein Gleichgewicht zu bringen und den Kleinbauern so ein angemessenes Einkommen zu sichern, müsste weniger Kaffee angebaut werden. Dies könnte durch internationale Abkommen geschehen. Oder Vietnam beginnt, die Anbauflächen für Kaffee wieder zu reduzieren. Dazu müssen die Kleinbauern aber auf andere Produkte umsteigen, die in dieser Klimazone gut gedeihen (z.B. Baumwolle, Erdnüsse, Zuckerrohr oder Mais). Hier allerdings würden die vietnamesischen Kleinbauern mit den landwirtschaftlichen Großbetrieben der Industrienationen konkurrieren, die zum einen Vorteile bei Maschinen und Düngemittel haben, zum anderen aber auch von ihren nationalen Regierungen subventioniert werden. Die vietnamesischen Kleinbauern stecken also in einem Dilemma.

AV 3

Folgende Aspekte könnten eine Rolle spielen: Die Rohstoffbörsen von New York und London sind die zentralen Drehscheiben im internationalen Kaffeehandel. An ihnen soll eine Preisfindung erfolgen, nach der sich alle am globalen Kaffeehandel Beteiligten ausrichten. In den letzten Jahren hat eine enorme Spekulation mit dem Rohstoff Kaffee eingesetzt. Händler handeln mit noch ausstehenden Ernten oder schließen Wetten auf die Preisentwicklung beim Kaffee ab. Die an den Börsen in Papierform gehandelten Kaffeemengen übertreffen die tatsächlichen Erntemengen bei Weitem. Dies hat zu kaum einschätzbaren und z.T. erheblichen Preisschwankungen für Rohkaffee in den letzten Jahren geführt. So können Spekulanten mit Kaffee z.T. eine Menge Geld verdienen, die eigentlichen Kaffeeproduzenten aber sind durch die Börse z.T. einem existenzbedrohenden Risiko ausgesetzt.

S.148/149

Welchen Kaffee soll ich kaufen?

Fairer Kaffeehandel als Alternative

Kopiervorlage
„Eine Tasse Gerechtigkeit"
ci99vs

Lösungshinweise zu den Arbeitsvorschlägen

AV 1
Aus der Abbildung M 1 lassen sich zu einen die deutlichen Preisschwankungen beim Börsenpreis der Kaffeesorte Arabica in den Jahren von 1989 bis 2012 ablesen. Neben einigen Preishochphasen gab es immer auch erhebliche Preisabstürze. Der eingezeichnete Graph für den Preis des fair gehandelten Kaffees kann hier deutlich machen, dass im Fair-Handelssystem stets ein Mindestpreis für den Kaffee garantiert ist. Steigt der Börsenpreis über diesen vereinbarten Mindestpreis, steigt auch der Preis des fair gehandelten Kaffees.
Mit der Abbildung M 3 werden die Strukturen des konventionellen und des fairen Kaffeehandels gegenübergestellt. Die Schülerinnen und Schüler erhalten so die Gelegenheit, zum einen die problematischen Strukturen des konventionellen Handels mit Kaffee (z. B. Tendenz zu Spekulationen, oligopole Strukturen) wahrzunehmen. Zum anderen wird ihnen vor Augen geführt, wie der faire Kaffeehandel strukturell funktioniert, d. h. welche Produktions- und Handelsstufen im Vergleich zum konventionellen Kaffeehandel umgangen werden. Mit Blick auf die Ziele des fairen Kaffeehandels wird deutlich, dass den Kaffeebauern und landwirtschaftlichen Genossenschaften durch diese Strukturen nicht nur Mindestlöhne garantiert sind, sondern dass mit diesem System auch soziale Standards, Arbeitsschutz, ökologische Anbaubedingungen, etc. verbunden sind.

AV 2
Mit Blick auf die Beschreibung der Abbildung M 3 siehe AV 2.
Die kleinbäuerlichen Kaffeeproduzenten oder landwirtschaftlichen Genossenschaften profitieren in vielfältiger Weise vom System des fair gehandelten Kaffees: Zum einen erhalten die Bauern einen garantierten Mindestlohn für ihre Arbeit. Denn in den Strukturen des fairen Kaffeehandels wird ein Mindestpreis für den Rohkaffee auch dann gezahlt, wenn der Börsenpreis deutlich darunter sinkt. Alle Preissteigerungen über den Mindestpreis, die sich an der Kaffeebörse ergeben, werden ebenso an die Kaffeebauern weitergegeben. So haben die Kleinbauern ein gesichertes Existenzminimum und eine hohe wirtschaftliche Planungssicherheit. Zum anderen profitieren die kleinbäuerlichen Kaffeeproduzenten aber auch in sozialer Hinsicht von diesem System des fairen Handels, denn neben den Vereinbarungen zum Mindestpreis gibt es beispielsweise auch Vorgaben und Vereinbarungen zu Arbeitsbedingungen, zur sozialen Absicherung, ökologischen Standards, zur Gesundheitsvorsorge oder gegen Kinderarbeit.

AV 3
Das Material M 2 behandelt die Frage, welchen Kaffee der Verbraucher nun kaufen soll. Es ermöglicht die Eröffnung einer Diskussion in der Lerngruppe zur Rolle des Kaffeekonsumenten oder des Reformbedarfs im globalen konventionellen Kaffeehandel. Das Material M 2 tendiert dabei durchaus in Richtung des fairen Handels, verweist aber auch auf bereits eingetretene Veränderungen im konventionellen Kaffeehandel, in dem sich auch die etablierten Unternehmen um die Einhaltung sozialer und ökologischer Mindeststandards bemühen. Interessant dürfte aber die Diskussion zur Funktion der Rohstoffbörsen im konventionellen Kaffeehandel sein, da sich hier die strukturelle Problemlage verdichtet. Forderungen nach einem weitgehenden Verbot von Spekulationen mit landwirtschaftlichen Produkten haben hier durchaus ihre Berechtigung. Inwieweit sie sich international durchsetzen lassen, ist eher kritisch bis pessimistisch zu beurteilen.

Kapitel 7

Europas Weg in die Zukunft

S. 150–175

Didaktische Intention und roter Faden durch das Kapitel
Im siebten Kapitel, eines derer, das sich auf die internationale politische Ebene begibt, sollen die Schülerinnen und Schüler Einblicke in die Arbeit der Europäischen Union erhalten. Diese bestimmt mit ihren Verordnungen und Richtlinien zunehmend ihr Leben. Sie setzen sich einerseits mit der Struktur und den Aufgaben der EU auseinander, andererseits erfahren sie, welche Möglichkeiten persönlicher und beruflicher Art sie haben.
Zu Beginn gibt es einen historischen Rückblick auf die Entstehungsgeschichte der Gemeinschaft, bei dem die Bedeutung dieser für die Sicherung des Friedens und die Stärkung der wirtschaftlichen Lage Europas thematisiert wird. Die Motive ihrer Entstehung haben bis heute nicht an Gültigkeit verloren und die Auswirkungen der wirtschaftlichen Entwicklung werden spätestens durch den Euro als Zahlungsmittel und die Eurokrise von allen wahrgenommen. Dabei ist die EU nicht nur eine Institution, sondern ein politischer Prozess, der sich ständig weiterentwickelt.
Die Schülerinnen und Schüler lernen im Verlauf des Kapitels sowohl die Institutionen der EU, ihre demokratische Legitimation am Beispiel der Europäischen Gesetzgebung, als auch ihre Freiheiten kennen. An ausgewählten Beispielen beschäftigen sie sich zunächst mit den Aufgaben der EU, der Erweiterungspolitik und mit den Regeln des gemeinsamen Binnenmarktes. Die Bedeutung des Stabilitäts- und Wachstumspakts wird unter Einbezug der letzten Krisen und der Reaktionen der Mitglieder zur ihrer Bewältigung ebenfalls beleuchtet. Auch der problematische Bereich Haushaltspolitik der EU wird thematisiert, indem die verschiedenen Ausgaben der EU angerissen werden. Bei der Erarbeitung sind zwei Gesichtspunkte zu berücksichtigen. Zum einen ist der Haushalt der EU geringer als der der Bundesrepublik, zum anderen ist Deutschland einer der größten Exporteure innerhalb der Gemeinschaft und profitiert von den Begünstigungen durch die EU-Regelungen am meisten. Die weitere Entwicklung der Europäischen Union bildet den Abschluss des Kapitels. Hier wird den Fragen nachgegangen, welche Rolle sie auf internationaler Ebene spielen wird, aber auch, wie die künftige Erweiterungspolitik aussieht, z. B. am Thema Beitritt der Türkei.

Leistungskontrolle
Bausteine zur Leistungsüberprüfung
c3z285

Hinweise zum Einstieg
Die Auftaktdoppelseite geht besonders auf die Möglichkeit ein, den eigenen Horizont zu erweitern und zusätzliche Berufsqualifikationen zu erwerben. Die Qualifikation zum Europaassistenten kann zum Einstieg in die Einheit genauer beleuchtet werden. Die Schülerinnen und Schüler recherchieren in Kleingruppen die Anforderungen und die Ausbildungsmöglichkeiten und stellen ihre Ergebnisse der Lerngruppe vor. Sie vergleichen anschließend diese Form der beruflichen Zusatzqualifikation mit der Handwerkstradition „Auf der Walz" und ermitteln die Vorteile, die man durch diese Erfahrung sammeln kann. Darüber hinaus sollte auch darüber diskutiert werden, welche Gründe junge Menschen daran hindern könnten, diese Erfahrung zu machen. Alternativ zu diesem Einstieg könnten die Auswirkungen des EU-Rechts auf den Alltag untersucht werden. Dazu führen die Schülerinnen und Schüler, z. B. Umfragen durch, und werten sie aus. Zusätzlich wird die Wahrnehmung der EU reflektiert und nach der Bearbeitung des Kapitels überprüft.

S. 152/153

Der Auftrag Europas

Warum brauchen wir ein vereintes Europa?

Kopiervorlage
„Die Geschichte der europäischen Einigung und ich"
3w2w7q

Lösungshinweise zu den Arbeitsvorschlägen

AV1

Die Grundlage für die Bildung einer Gemeinschaft in Europa ist die Sicherung des Friedens in Europa. Der Kontinent wurde in der ersten Hälfte des 20. Jahrhunderts durch zwei Weltkriege zerrüttet. Es galt vor allem, den gegenseitigen Hass und die Rivalität unter den europäischen Nationen, besonders Deutschlands und Frankreichs, beizulegen. Man einigte sich darauf, gemeinsame Interessen zu verfolgen, welche auf Rechtsstaatlichkeit und Gleichberechtigung beruhen. Nach dem Motto „Gemeinsam sind wir stark" wurde gleichzeitig die wirtschaftliche Zusammenarbeit vorangetrieben. Es galt, schnellstmöglich die Schäden des Zweiten Weltkrieges zu beseitigen. Keine Bürgerin und kein Bürger der Gemeinschaft sollten je wieder Hunger leiden.
Bald kamen auch neue Aufgaben auf die Gemeinschaft zu und ihre Arbeit wurde ausgeweitet. Deshalb zählen zu den weiteren Herausforderungen der Schutz der Gemeinschaft vor internationaler Kriminalität und ein stärkerer Umweltschutz.
Letztendlich geht es bei allen Bestrebungen darum, die Grenzen zu überwinden und gemeinsam Probleme zu lösen sowie den Bürgerinnen und Bürgern mehr Freiheiten und Möglichkeiten zu gewährleisten.

AV2

Die Europäische Union ist eine Gemeinschaft aus mittlerweile 28 Staaten. Sie alle haben unterschiedliche Interessen, die aus den verschiedenen Kulturen, Traditionen und Werten resultieren. Alle Nationen versuchen deshalb, ihre Interessen gleichstark in die Gemeinschaft einzubringen. In der Karikatur werden diese Interessen auf die kulinarische Ebene reduziert, in der die EU als Köchin versucht, die verschiedenen Geschmacksvorlieben ihrer Kinder bei der Zubereitung einer Mahlzeit zu berücksichtigen. Deshalb zählt zu den größten Herausforderungen der EU, diese Interessen in der europäischen Politik einzubeziehen und natürlich auch Kompromisse unter den Mitgliedern herzustellen. Dies gelingt nicht immer. Manchmal bedarf es langer Verhandlungen, bis ein Kompromiss erzielt werden kann. Dadurch verlaufen einige Entwicklungen sehr langsam. Ein gutes Beispiel dafür ist die Einführung einer neuen EU-Verfassung im Jahr 2009, die beinahe an der Haltung einzelner EU-Mitgliedstaaten gescheitert wäre und eine hitzige Debatte über die Entscheidungsprozesse innerhalb der EU ausgelöst hat.

AV3

Individuelle Lösungen der Schülerinnen und Schüler
Hinweise: Wahrscheinlich wird der Bedeutung der EU für die Schülerinnen und Schüler im Bereich der Freiheiten (hier Freiheit der Person bei Reisen und Ausbildung) ein großer Wert beigemessen, da in diesem Bereich die meisten eigenen Erfahrungen vorliegen. Seltener dagegen werden wohl Ängste genannt, wie der Verlust der eigenen nationalen Identität oder die gewaltige Bürokratie. Somit dürften sich die Nennungen der Schülerinnen und Schüler mit dem Ergebnis der Umfrage (M 3) annähernd decken.

AV4

Individuelle Lösungen der Schülerinnen und Schüler

Europas Weg zur Einheit

S. 154/155

Wie aus Feinden Freunde wurden

Lösungshinweise zu den Arbeitsvorschlägen

AV1

1951	Europäische Gemeinschaft für Kohle und Stahl
1958	Römische Verträge treten in Kraft, unterzeichnet durch die Beneluxstaaten, Frankreich, BRD, Italien (Gründung der Europäischen Gemeinschaft)
1973	1. Erweiterung: Dänemark, Irland, Großbritannien
1981	Beitritt Griechenland
1986	Beitritt Portugal, Spanien
1987	Europäische Akte tritt in Kraft
1992	Vertrag von Maastricht
1995	Beitritt Finnland, Österreich, Schweden
2004	Osterweiterung durch Estland, Lettland, Litauen, Polen, Slowakei, Slowenien, Tschechen, Ungarn, Zypern und Malta
2007	Beitritt Bulgarien, Rumänien; Vertrag von Lissabon
2013	Beitritt Kroatien

Linktipp
EU-Erweiterung
e4x292

AV2
Im Artikel 49 des Vertrages über die Europäische Union heißt es, dass jeder europäische Staat, der die im Artikel 2 genannten Werte achtet, in die Europäische Union aufgenommen werden kann. In diesem Artikel werden Werte genannt, die allen Menschen gleich wichtig sind. Dazu zählt u.a. Freiheit der Person, Recht auf Leben, Recht auf Sicherheit, Würde des Menschen, Gleichheit vor dem Gesetz, keine Unterschiede etwa bei Herkunft, Hautfarbe oder Geschlecht, Meinungsfreiheit, Religionsfreiheit. Diese Werte lassen sich auch mit der allgemeinen Menschenrechtserklärung gleichsetzen, die ebenfalls aus den kulturellen Werten einer demokratischen Gesellschaft entstanden ist.

AV3
Individuelle Lösungen der Schülerinnen und Schüler
Hinweise: Die europäischen Staaten, die nicht Mitglied der Europäischen Union sind und damit potenzielle Beitrittskandidaten: Albanien, Andorra, Armenien, Aserbaidschan, Bosnien-Herzegowina, Georgien, Island, Liechtenstein, Mazedonien, Moldau, Monaco, Montenegro, Norwegen, Russische Föderation, San Marino, Schweiz, Serbien, Türkei, Ukraine.
Island erfüllt bereits die „Kopenhagener Kriterien“ für den Beitritt. Das politische Kriterium beinhaltet institutionelle Stabilität, demokratische und rechtsstaatliche Ordnung, Wahrung der Menschenrechte sowie Achtung und Schutz von Minderheiten.
Hinweis: Für die Recherche kann der Online-Code genutzt werden.

Linktipp
Dosier über die EU der BpB
c28q3k

Linktipp
Informationen rund um Europa
t83d3b

AV 4

Die EU ist bemüht, den Erweiterungsprozess fortzusetzen. Wichtig ist dabei, dass die beitrittswilligen Länder die hohen politischen, technischen und rechtlichen Standards und Normen der EU erfüllen. Dabei darf die Politik nicht an den Bürgerinnen und Bürgern vorbei einen Beitritt erzwingen. Deshalb ist die Zustimmung innerhalb der Bevölkerung ebenso wichtig, damit der Integrationsprozess nicht ins Stocken gerät. Das Bestreben und die Aussicht der EU beizutreten, hat einen starken Anreiz, Reformen in den Beitrittsländern durchzuführen. Schließlich soll jeder Beitritt einen Nutzen sowohl für die EU als auch für den Beitrittskandidaten haben.

Bei allen Erweiterungsbemühungen sind ebenfalls Reformen der Organisation der EU notwendig, um die Handlungsfähigkeit der Gemeinschaft trotz ihrer Größe zu gewährleisten. Sollte die Zahl der Mitglieder weiter steigen, so ist es nicht abzusehen, ob das System durch seine Größe nicht zu schwerfällig wird und es stellt sich die Frage, wie effizient und handlungsfähig eine so große Gemeinschaft mit unterschiedlichen Interessenrichtungen und nationalen Egoismen ist. Positiv könnte sich dagegen die kulturelle Vielfalt auf die Entwicklung der Union auswirken. Außerdem besäße man mehr Ressourcen und auch Einfluss in der Weltpolitik. Die Friedenssicherung würde noch weiter untermauert werden.

Die Institutionen der EU

S. 156–159

Wie funktioniert die große Gemeinschaft?

Lösungshinweise zu den Arbeitsvorschlägen

AV1

Die Europäische Union ist in ihrer Organisation einzigartig in der Welt. Es handelt sich um ein Staatengebilde aus unabhängigen und souveränen Nationen mit eigenen Regierungen. Damit die Gemeinschaft funktionieren kann, mussten die einzelnen Staaten einen Teil ihrer Befugnisse an die übergeordneten Organe der EU abtreten. Dort werden Entscheidungen getroffen, die für alle Mitglieder und alle Bürger der EU gültig sind. Damit eine demokratische Ordnung auf der überstaatlichen Ebene hergestellt ist, gibt es auch dort eine Gewaltenteilung.

Kopiervorlage „Die Europäische Union" ic8bk8

AV2

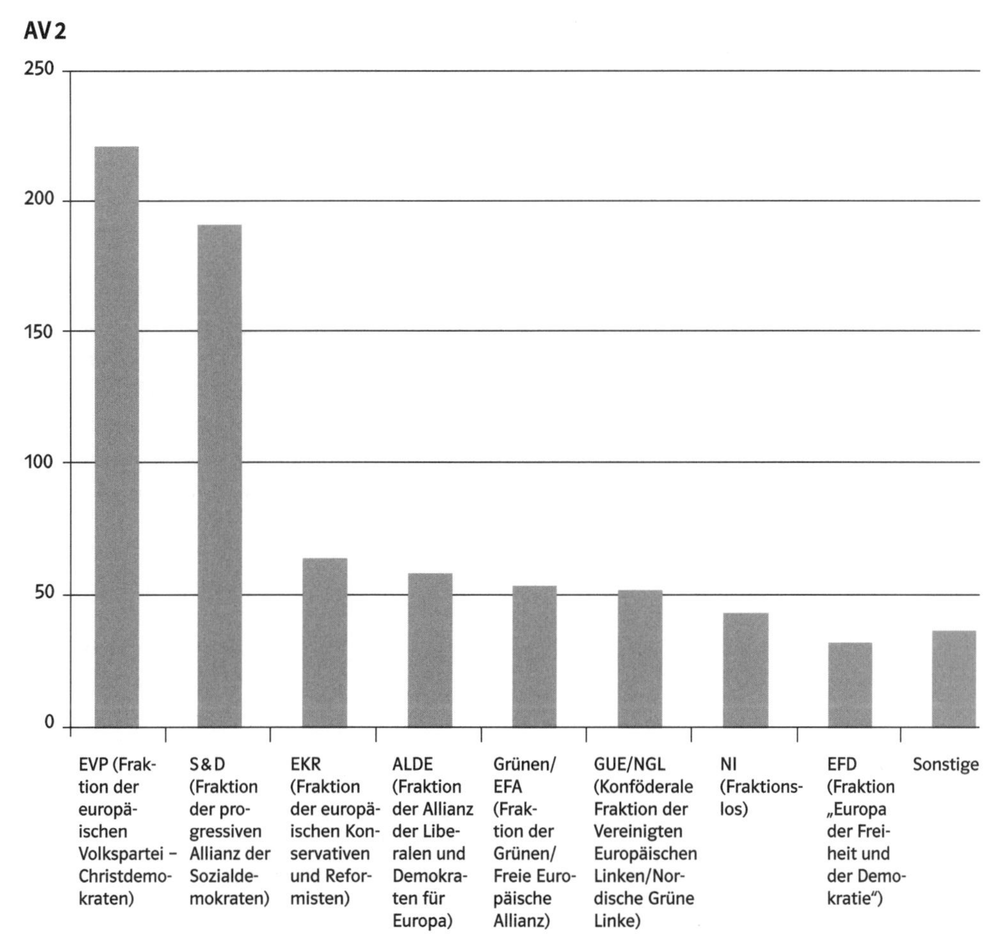

Nach Quelle: http://www.ergebnisse-wahlen2014.eu/de/election-results-2014.html (Zugriff am 29.06.2014)

AV3

An den Entscheidungsverfahren der Europäischen Union wird das Europäische Parlament auf drei Arten, abhängig vom Entscheidungsfeld, beteiligt. Es darf zusammen mit dem Ministerrat über die Gesetzesentwürfe mitentscheiden, die die „vier Freiheiten" betreffen. Eigene Änderungsvorschläge können auch im Vermittlungsausschuss eingebracht werden. In der Erweiterungspolitik und bei internationalen Abkommen benötigt die Kommission die Zustimmung des Parlaments. Wenn es um Steuern oder die GASP geht, wird das Parlament nur angehört und darf eigene Vorschläge einbringen, welche allerdings nicht übernommen werden müssen. Das Europäische Parlament spielt somit eine wichtige Rolle bei den meisten innenpolitischen Entscheidungen innerhalb der EU. Die Bedeutung des Parlaments schwindet jedoch, wenn es um außenpolitische Themen, Regelungen des Binnenmarktes oder das Steuerrecht geht.
Für mehr Mitentscheidungskompetenz spricht v.a. die Legitimation des Europäischen Parlaments. Es wird schließlich von den Bürgerinnen und Bürgern der EU direkt gewählt.

Auf der anderen Seite treffen im Parlament die Interessen verschiedener Parteien der 28 Mitgliedstaaten zusammen, so könnten Entscheidungsfindungen sehr langwierig werden.

AV 4

Die Außen- und Innenpolitik sind Hoheitsrechte der Mitgliedstaaten, die nicht an die Organe der Europäischen Union abgetreten wurden. Das führte bereits oft zu Spannung innerhalb der Gemeinschaft. Ein gutes Beispiel für die unterschiedliche Außenpolitik einzelner Mitglieder der Gemeinschaft ist ihre Position zum Irakkrieg (2003). Während einzelne Staaten sich an den militärischen Operationen zusammen mit den USA und Großbritannien gegen den Irak beteiligt haben, setzten andere auf eine diplomatische Lösung.
Deshalb kann man in vielen politischen Fragen zur internationalen Politik die Position der EU nicht klar bestimmen. Hier befindet sich die EU noch in der Entwicklungsphase. Würde die EU mit nur einer Stimme bei Themen der Außenpolitik sprechen, würde sie eine viel wichtigere Rolle in der Weltpolitik spielen und einen größeren Einfluss auf diese nehmen können (Die ersten Schritte in diese Richtung wurden bereits durch die Einführung des Amtes des EU-Außenkommissars unternommen.).
Auch innenpolitisch könnte die EU durch einheitliche überstaatliche Regelungen an Konturen gewinnen. Zum Beispiel würde ein einheitliches Strafrecht die Strafverfolgung innerhalb der Union erleichtern und Kriminelle könnten die unterschiedlichen Gesetze nicht für sich ausnutzen. Durch den Vertrag von Lissabon veränderte sich das Bild der supranationalen Entscheidungen.

Zuständigkeiten in der Europäischen Union nach dem Vertrag über die Arbeitsweise der EU (AEUV)

ausschließlich (Art. 3 AEUV)	geteilt (Art. 4 AEUV)	Maßnahmen zur Unterstützung (Art. 6 AEUV)
- Nur die EU - Verbindliche Rechtsakte werden erlassen - Mitgliedstaaten wenden diese Rechtsakte ausschließlich an (Ausnahme die EU ermächtigt zum Erlass).	EU und Mitgliedstaaten erlassen verbindliche Rechtsakte; letztere allerdings nur soweit die EU entschieden hat, keine Zuständigkeit auszuüben.	- EU ohne Gesetzgebungsbefugnisse und Eingriffsrechte in die Maßnahmen der Mitgliedstaaten - EU kann unterstützende, koordinierende oder ergänzende Maßnahmen zu den Maßnahmen der Mitgliedstaaten durchführen.

AV 5

Belgien	10 511 382	Italien	58 883 958	Rumänien	21 714 000
Bulgarien	7 679 290	Kroatien	4 260 000 (2014)	Schweden	9 131 425
Dänemark	5 552 032	Lettland	2 286 700	Slowakei	5 431 363
Deutschland	82 310 000	Litauen	3 384 800	Slowenien	2 003 584
Estland	1 347 510	Luxemburg	474 413	Spanien	45 116 894
Finnland	5 279 228	Malta	405 577	Tschechien	10 306 700
Frankreich	60 656 176	Niederlande	16 366 600	Ungarn	9 956 108
Griechenland	11 057 000	Österreich	8 308 906	Zypern	950 000
Großbritannien	60 209 500	Polen	38 536 869		
Irland	4 239 848	Portugal	10 945 870		

Quelle: Die entsprechenden nationalen Websites der Länder (Stand: April 2012).

Die Mehrheitsfindung im Rat der EU bedarf einer sogenannten doppelten Mehrheit. Das bedeutet, mehr als die Hälfte der Mitgliedstaaten müssen einem Vorschlag zustimmen und gleichzeitig dazu mindestens 255 Stimmen abgegeben werden. Diese Regelung soll verhindern, dass viele kleine Länder mit wenig Bevölkerung einen Vorschlag durchsetzen oder verhindern. Gleichzeitig sollen bevölkerungsreiche Mitgliedstaaten keine Übermacht gegenüber kleineren Mitgliedern darstellen – eine Art Minderheitenschutz. Es gibt keinen rechnerischen Zusammenhang zwischen der Anzahl der Stimmen pro Mitgliedstaat und der

Bevölkerung. So besitzt Polen gerade zwei Stimmen weniger als Deutschland, obwohl die Bevölkerungszahl etwa nur halb so groß ist. Würde es einen proportionalen Zusammenhang geben, könnten Entscheidung nie ohne die Zustimmung z. B. Deutschlands stattfinden. Die großen Länder würden damit eine Art Vetorecht erhalten.

AV 6

Es spricht einiges dafür, die EU-Kommission als „Motor der EU" zu bezeichnen, da zu ihren Aufgaben die Erstellung von Vorschlägen für Rechtsvorschriften und die Verwaltung des Haushalts zählen. Sie wacht über das europäische Recht und vertritt die EU auf der internationalen Ebene. Dagegen spricht, dass die EU-Kommission nach dem eingebrachten Vorschlag für Rechtsvorschriften keinen Einfluss mehr auf seine Abstimmung und eventuelle Abänderungen durch das Europaparlament oder den Europäischen Rat hat. Die Verwaltung des Haushaltes muss durch den Rechnungshof in einem Jahresbericht überprüft und gebilligt werden, damit eine Entlastung durch das Parlament erfolgen kann. Bei der Durchsetzung des europäischen Rechtes besitzt die Kommission nur einen kontrollierenden Charakter und kann betreffende Regierungen nur ermahnen. Wird ein Verstoß nicht abgestellt, übergibt sie die Angelegenheit an den Europäischen Gerichtshof. Auf der internationalen Ebene gibt es noch zu unterschiedliche Positionen in der Außenpolitik der einzelnen Mitgliedsländer.

Kopiervorlage
„Die Europäische Gesetzgebung"
9ze6xw

S. 160/161

Der gemeinsame Binnenmarkt

Was ist alles grenzenlos in der EU?

Lösungshinweise zu den Arbeitsvorschlägen

AV1
M 2 freier Personenverkehr, M 3 freier Warenverkehr, M 4 freier Dienstleistungsverkehr

AV2
Geschenkpakete, die durch eine Privatperson versendet werden und den Warenwert von 45 € nicht übersteigen, sind zollfrei. Bei kommerziellen Sendungen, die z. B. von einem Internetshop versendet werden, sind keine Einfuhrabgaben zu entrichten, wenn der Warenwert nicht 22 € überschreitet. Liegt der Warenwert zwischen 22 € und 150 €, ist die Ware zwar zollfrei aber nicht frei von Einfuhrumsatzsteuer. Ausgenommen von dieser Regelung sind Sendungen, die Alkohol, Tabak oder Parfüms enthalten. Eine weitere Besonderheit stellt der Kaffee dar. Für ihn ist immer die Kaffeesteuer zu entrichten, egal wie hoch der Warenwert ist.

AV3
Zu jeder Freiheit lassen sich auch Nachteile benennen. Hier einige Beispiele:
Durch den freien Warenverkehr können EU-weit Waren ohne Kontrollen gehandelt werden, wie z. B. Lebensmittel aus genveränderten Produkten. Der freie Kapitalverkehr macht Finanzmärkte undurchschaubar und kann Steuerflucht nach sich ziehen. Freier Dienstleistungsverkehr öffnet die Märkte für günstigere Dienstleistungsanbieter aus den neuen Beitrittsländern, deren Löhne günstiger sind, wodurch eventuell Arbeitsplätze verlorengehen könnten oder es zu Lohndumping kommen kann. Fehlende Kontrollen an den Grenzen zwischen den Mitgliedern der EU bieten Möglichkeiten für grenzübergreifende Kriminalität und die Kontrolle der illegalen Einwanderer wird erschwert. Gelangt z. B. ein Flüchtling über Griechenland in die EU, könnte er ohne Hindernisse bis nach Schweden weiterreisen.

AV4
Die Frage nach einem Freihandel ohne Zollgrenzen in Bezug auf die Förderung der wirtschaftlichen Entwicklung muss unter verschiedenen Aspekten beleuchtet werden. Werden Waren ohne eine Zollerhebung in ein Land importiert, so können sie billiger angeboten werden und davon profitieren die Konsumenten. Auch die Firmen haben ihre Vorteile, da durch eine günstigere Ware die Nachfrage und damit auch der Umsatz steigen könnten. Das klingt zunächst sehr positiv, aber die Zölle haben trotzdem eine wichtige Funktion. Sie sollen den eigenen Markt schützen. Ohne Einfuhrzölle könnte eine Firma, die ihre Ware in einem Billiglohnland produziert, die heimische Wirtschaft schädigen, da sie ihre Ware günstiger anbietet. Damit könnten sich die im Inland produzierenden Firmen der Konkurrenz nicht stellen. Jobs würden verlorengehen oder die Löhne gekürzt werden und die Bürgerinnen und Bürger damit weniger Geld zu Verfügung haben.

AV5a
Individuelle Lösungen der Schülerinnen und Schüler
Hinweise: **Polen:** Die berufliche Ausbildung erwirbt man in Polen in den sogenannten Berufsgrundschulen (für Handwerk, Dienstleistung und Handel; 2–3 Jahre Ausbildungszeit) und technischen Sekundarschulen (spezialisierte Ausbildung für Technik-, Wirtschafts-, Handels-, Landwirtschaftsberufe und Kunsthandwerk; Ausbildungsdauer 4 Jahre). Am Ende der Ausbildung in der Berufsgrundschule erlangt man einen Abschluss nach einer bestanden Prüfung aus einem praktischen und theoretischen Teil. Die technische Sekundarschule verleiht auch das Fachabitur. Die Weiterbildung kann auf einer höheren Berufsschule erfolgen. Nach dreijähriger Studienzeit und bestandener Abschlussprüfung erwirbt man den Titel Bachelor of Arts oder Bachelor of Science.
Das Thema „Studieren im Ausland" ist auch wichtiges Projekt der Europäischen Union. Um die Zusammenarbeit der Universitäten, die Mobilität der Studierenden und Dozenten zu fördern, wurde bereits 1987 das ERASMUS-Programm ins Leben gerufen. An ihm nehmen alle Mitgliedstaaten der EU teil und weitere fünf europäische Länder (Norwegen, Island, Schweiz und Türkei). Damit möchte die EU einen europäischen Hochschulraum schaffen und Innovationen in allen Teilen Europas fördern. Die Anerkennung der Studienleistungen im Ausland

und die Unterstützung der Austauschstudenten durch finanzielle Mittel gehören ebenfalls zu den Zielen des Programms. Durch die Eingliederung des ERASMUS-Programms in das EU-Programm für lebenslanges Lernen werden auch weitere Bildungsbereiche abgedeckt, wie z.B. ein Unternehmenspraktikum für Studierende, Fortbildungen für Hochschulmitarbeiter und auch die Lehrtätigkeit von Personen aus der freien Wirtschaft.
Das erklärte Ziel der EU ist es, mit diesem Programm mehr als drei Millionen Studenten zu unterstützen und zu fördern.

AV 5b
Individuelle Lösungen der Schülerinnen und Schüler
Folgende Argumente könnten genannt werden:
Mögliche Nachteile:
Als Hindernisse für eine Ausbildung im Ausland könnten sprachliche Barrieren, finanzielle Schwierigkeiten oder auch fehlende soziale Netze im Ausbildungsland genannt werden. Darüber hinaus bedarf es einer gründlichen Vorbereitung. Es müssen Informationen über die Ausbildungssysteme und Ausbildungswege, den Stellenwert und das Niveau sowie über die Anerkennung dieser Ausbildung in Deutschland eingeholt werden.
Mögliche Vorteile:
Durch ein Studium im Ausland kann man eine Fremdsprache besser erlernen und darüber hinaus die Kultur des Studienlandes besser kennenlernen. In einigen Ländern gibt es Studiengänge, die in Deutschland nicht angeboten werden, oder unter Umständen sind dort günstigere Zulassungsbedingungen für einen Studiengang bzw. mehr Plätze verfügbar. Das Studium an einer renommierten Universität im Ausland bringt bessere Referenzen und Jobchancen nach einer Rückkehr nach Deutschland.

S. 162–165

Vertiefung: Eine Währung für viele Staaten

Der Stabilitäts- und Wachstumspakt

Lösungshinweise zu den Arbeitsvorschlägen

AV 1

1991	Wirtschafts- und Währungsunion
1995	Bezeichnung Euro wird festgelegt
1998	Gründung der EZB
1999	Euro als elektr. Zahlungsmittel
2002	Einführung als Bargeld in F, D, B, FIN,IRL, I, LUX, NL,A, SP, GR, P
2007	Einführung Euro in Slowenien
2008	Zypern und Malta treten der Währungsunion bei
2009	Einführung Euro in Slowakei
2011	Einführung Euro in Estland

AV 2

Der Euro macht die europäische Wirtschaft zu einer der größten der Welt. Neben dem Dollar ist der Euro die wichtigste Währung für den internationalen Handel, Kredite und Geldreserven. Ein starker Euro verbilligt auch die Importe von Rohstoffen und Produkten in die EU. Der Euro verleiht Stabilität mit geringer Inflation und geringen Zinssätzen und fördert solide öffentliche Finanzen in der Euro-Zone. Darüber hinaus schafft er Preistransparenz, Währungswechselkosten entfallen und die Binnenwirtschaft in der EU-Zone wird angekurbelt. Für die Bürger der EU werden Urlaubsorte mit dem Dollar als Leitwährung attraktiver, da sie durch einen starken Euro einen besseren Wechselkurs erhalten, was den Urlaub günstiger macht. Ferner stellt er für die EU-Bürger ein kaum zu unterschätzendes Identitätsmerkmal dar.

AV 3

Für die Einführung des Euros in Dänemark bedarf es laut dänischer Verfassung einer Volksabstimmung. In einer ersten Abstimmung im Jahr 2000 sprach sich die Bevölkerung des Landes gegen die von der Regierung favorisierte Einführung aus. Grund dafür war, dass Teile der Bevölkerung nationale und politische Werte über die ökonomischen stellten, da sie einen Verlust der nationalen Souveränität befürchteten. Geplant war eine erneute Abstimmung, die allerdings aufgrund der Probleme mit der Einführung der neuen EU-Verfassung vertagt wurde.
In Großbritannien verhält sich die Situation ähnlich. Allerdings ist dort die ablehnende Haltung der Bevölkerung noch größer als in Dänemark und das auch trotz der anhaltenden Talfahrt des Britischen Pfunds gegenüber dem Euro. Als Grund wird die unabhängige Zinspolitik genannt – da ohne den Euro das Land nicht an den Stabilitätspakt gebunden ist und beliebig viele Schulden machen kann. Überdies stellt das Britische Pfund ein nationales Symbol für die Bevölkerung dar.

AV 4

Der Stabilitäts- und Wachstumspakt hat eine große Bedeutung für den Euro. Verstoßen einzelne Länder gegen dieses Abkommen, gerät die gemeinsame Währung unter Druck. Am Beispiel Griechenland wird deutlich, dass bereits eine drohende Staatspleite eines Landes den Euro ins Wanken bringt. Um die Staatspleite Griechenlands abzuwenden, unternahmen die anderen EU-Länder enorme Anstrengungen, was auch ihre Staatsbudgets belastet hat. Diese schweren Zeiten nutzten skrupellose Spekulanten und versuchten, Profit aus der Krise des Euros zu schlagen. Der Stabilitäts- und Wachstumspakt soll deshalb die Staaten zu einer entsprechenden Haushaltsdisziplin zwingen, um die gemeinsame Währung nicht zu gefährden und damit auch den europäischen Markt zu schädigen.

AV 5

Der Stabilitäts- und Wachstumspakt besteht aus zwei Kriterien, deren Einhaltung die gemeinsame Währung schützen soll. Das erste Kriterium sind die jährlichen Neuverschuldungen, die von Staaten gemacht werden, um die Haushaltsausgaben zu decken, wenn die

Steuereinnahmen dazu nicht ausreichen. Die Grenze liegt hier bei 3% des BIP. Deutschland, Estland, Finnland Luxemburg, Malta und Österreich konnten dieses Kriterium im Jahr 2011 erfüllen. Das bedeutet aber nicht automatisch, dass deren Haushalte ausgeglichen sind. Es bleibt die Frage nach den Gesamtschulden, die jedes Land bereits im Laufe der Jahre angehäuft hat. Hier zeigt sich, dass Deutschland, Malta und Österreich bereits mehr als 60% des BIP an Gesamtverschuldung angehäuft haben und damit gegen den Stabilitäts- und Wachstumspakt verstoßen. Die einzigen Länder der Eurozone, die beide Kriterien im Jahr 2011 erfüllt haben, sind Luxemburg, Finnland und Estland.

AV6

Die Entfaltung des Binnenmarkts der Europäischen Union kämpfte immer mit den Umrechnungskursen der unterschiedlichen Währungen in der EU. Diese Umrechnungskurse und die damit zusammenhängenden Schwankungen des Geldmarktes behinderten einen reibungslosen Handel. Das Problem sollte durch eine gemeinsame Währung abgeschafft werden. Darüber hinaus sollte eine gemeinsame Währung ein stärkeres Zusammenrücken der Gemeinschaft nach sich ziehen. Für die Einführung der neuen Währung wurden Kriterien erarbeitet und Beschlüsse gefasst. Hier fand auch die Auseinandersetzung mit dem Problem statt. Nicht alle Länder, die die aufgestellten Bedingungen für die Einführung der gemeinsamen Währung erfüllten, wollten diese auch im eigenen Land einführen. Schließlich fiel eine Entscheidung und 1999 wurde die neue Währung offiziell eingeführt, auch wenn nicht alle EU-Mitglieder dabei beteiligt waren. Damit wurde der Zyklus abgeschlossen und begann gleichzeitig von vorn. Ab sofort mussten sich alle Mitglieder der Währungsunion einer Haushaltsdisziplin unterwerfen, um die Währung nicht zu gefährden. Die Aufnahme neuer Mitglieder wurde vor diesem Hintergrund besonders sorgfältig geprüft. Verstoßen einzelne Staaten gegen den Stabilitäts- und Wachstumspakt, so gefährdet dies den gesamten Währungsraum. In der ersten Eurokrise wurden Rettungspakete geschnürt, um die vor der Staatspleite bedrohten Länder zu stützen. In der Zukunft muss die EU sich überlegen, wie weit sie in die Haushaltsentscheidungen einzelner Nationen eingreifen will, um sie so zu einer Haushaltsdisziplin zu zwingen, oder ob die Haushaltsverantwortung teilweise den nationalen Parlamenten entzogen und der EU übertragen werden sollte. Mit dieser Fragestellung werden künftige Politikzyklen durchlaufen werden.

AV7

Individuelle Lösungen der Schülerinnen und Schüler
Hinweis: Wird der Vorschlag befürwortet, sollte die Argumentation folgende Aspekte berücksichtigen:
Die Forderung Jacques Delors beruht auf der Annahme, dass eine gemeinsame europäische Währung auch eine gemeinsame Wirtschaftspolitik braucht. Das wird in der Zukunft von noch größerer Bedeutung sein. Wenn Europa weiter voranschreitet, wird auch mehr auf dem Spiel stehen und die Risiken werden größer, insbesondere die Gefahr einer Rezession und einer Verschuldung. Seiner Meinung nach muss die Politik mehr Anstrengungen unternehmen, damit der Euro ein dauerhafter Erfolg bleibt. Das bedeutet mehr Haushaltsdisziplin auf nationaler Ebene und mehr Konjunkturprogramme seitens der EU.
Wird der Vorschlag für eine gemeinsame Wirtschaftsregierung in Europa abgelehnt, sollten in der Begründung die Aspekte von Jacques Delors widerlegt werden.

S. 166/167

Der Haushalt der EU

Was macht die EU mit den Milliarden?

Lösungshinweise zu den Arbeitsvorschlägen

AV 1
Die Europäische Union bekommt ihr Geld aus den Beiträgen der Mitgliedstaaten, Einnahmen aus Einfuhrzöllen und einen kleinen Anteil der nationalen Mehrwertsteuer. Den größten Teil machen die Beiträge aus. Jedes Mitglied zahlt in die EU-Kasse ca. 1% seines Bruttonationaleinkommens.

AV 2
Das meiste Geld gibt die EU für Maßnahmen aus, die das nachhaltige Wachstum, den Zusammenhalt und die Wettbewerbsfähigkeit fördern. Den zweiten wichtigen Posten bei den Ausgaben der EU stellt die Bewahrung und Bewirtschaftung der natürlichen Ressourcen dar und damit auch der Landwirtschaft.
Dabei wird besonders deutlich, dass die Ausgaben für die Strukturfonds den größten Zuwachs verzeichnen und damit hauptverantwortlich für die Steigerung der Ausgaben sind. Schließlich sollen damit die Ziele der Solidaritätspolitik finanziert werden. Das bedeutet, es gilt, strukturschwache Regionen innerhalb der Gemeinschaft zu unterstützen, damit sie an den europäischen Durchschnitt herangeführt werden können. Mit der zunehmenden Erweiterung der Union stieg auch die Zahl dieser Projekte, da auch die Schere zwischen reichen und ärmeren Regionen immer größer wurde. Die Ausgaben für die Verwaltung und Förderung der EU als globalen Partner stellen zwar im Verhältnis zu den ersten beiden genannten Haushaltsposten einen geringeren Anteil dar, sind aber mit je ca. fünf Mrd. Euro immer noch erheblich.
Grundsätzlich fällt es allerdings auf, dass die EU viel weniger Geld für ihren Haushalt zur Verfügung hat, als manch ein Mitgliedsland.

AV 3
Individuelle Lösungen der Schülerinnen und Schüler
Hinweise: Aus der Perspektive der Schülerinnen und Schüler könnten die Ausgaben für Wirtschaftswachstum und Beschäftigung aufgrund der Wirtschaftskrise, aber auch weil die Maßnahmen zur Förderung der Bildung eingeschlossen werden, besonders wichtig sein. Ebenfalls genannt werden könnten Ausgaben für die Umweltpolitik, weil dieses Thema in der aktuellen Diskussion um die Klimaerwärmung den Schülerinnen und Schüler vertraut sein dürfte.
Dagegen werden wahrscheinlich die Verwaltung und die Ausgaben im Agrarsektor als reduzierbar genannt.

AV 4a
Die Behauptung, Deutschland zahle mehr in die EU als es von der Gemeinschaft wiederbekommt, ist nur subjektiv. Es ist richtig, dass die Bundesrepublik mehr Geldmittel an die EU abführt, als sie am Ende von der EU an Subventionen bekommt. Allerdings profitiert Deutschland von den EU-Regelungen viel stärker als viele andere Mitgliedstaaten. Die deutsche Exportwirtschaft, die größte in Europa, hat durch den Binnenmarkt einen viel größeren Absatzmarkt für ihre Produkte als ohne ihn. Dadurch können Gewinne gesteigert werden, aus denen Steuern an den Staat abgeführt werden. Auf diesem indirekten Wege bekommt die Bundesrepublik mehr Geld aus Steuereinnahmen des Exporthandels als sie an die EU an Mitgliedsbeiträgen zahlt. Durch die Solidaritätspolitik, die aus den Mitteln der EU finanziert wird, werden Regionen entwickelt und damit ihre wirtschaftliche Kraft gesteigert. Neue finanzkräftige Märkte entstehen, in die Produkte aus Deutschland verkauft werden können. Der beschriebene Kreislauf kann nur funktionieren, wenn in Europa Frieden herrscht. Von der Friedenssicherung durch die Europäische Union profitieren alle gleichermaßen.

Der Haushalt der Bundesrepublik Deutschland 2013	
Einnahmen: 302 Mrd. €	**Ausgaben: 302 Mrd. €**
Struktur der Einnahmen (Werte auf Mrd. gerundet)	Die Ausgaben nach Bereichen (Werte auf Mrd. gerundet)
- 273 Mrd. Steuereinnahmen - 18 Mrd. Kredite - 6 Mrd. Einnahmen aus dem Bundesministerium für Verkehr, Bau und Stadtentwicklung - 5 Mrd. sonstige Einnahmen	- 119 Mrd. Arbeit und Soziales - 33 Mrd. Verteidigung - 33 Mrd. Bedienung der Schulden - 26 Mrd. Verkehr, Bau und Städteentwicklung - 20 Mrd. Finanzverwaltung - 14 Mrd. Bildung und Forschung - 12 Mrd. Gesundheit - 7 Mrd. Familie, Jugend und Senioren - 6 Mrd. Wirtschaftliche Zusammenarbeit und Entwicklung - 6 Mrd. Wirtschaft und Technologie - 24 Mrd. Sonstiges

AV 4b
Individuelle Lösungen der Schülerinnen und Schüler
Als Grundlage für das Streitgespräch sollten die Ergebnisse aus AV 4a gewählt werden.

S. 168/169

Die EU auf internationaler Bühne

Die Gemeinsame Außen- und Sicherheitspolitik

Kopiervorlage
„Europa und die Welt"
jy4rq2

Linktipp
Übersicht der Auslandseinsätze der EU
ji5ju3

Lösungshinweise zu den Arbeitsvorschlägen

AV1

Länder in denen Auslandseinsätze der EU stattfinden	Zeitraum
Afghanistan	seit 2007
Bosnien-Herzogowina	seit 2004
D.R. Kongo	seit 2005
Georgien	seit 2008
Kosovo	seit 2008
Libyen	seit 2013
Mali	seit 2013
Niger	seit 2012
Palästinensergebiete	seit 2006
Somalia	seit 2008
Zentralafrika	seit 2014

Quelle: http://eeas.europa.eu/csdp/missions-and-operations/index_en.htm (Zugriff 19.06.2014)

AV2
Individuelle Lösungen der Schülerinnen und Schüler
Auswahl einiger Einsätze:
Bosnien-Herzegovina: Seit dem 02.12.2004 hat die EU von der NATO das Kommando über die Friedenstruppe in Bosnien-Herzegovina übernommen. Es ist die bislang größte militärische Operation der Union. Die Friedenstruppe hat die Aufgabe, die Volksgruppen der Region von Feindseligkeiten abzuhalten und die Einhaltung des Rüstungskontrollabkommens für das Land zu überwachen, das seit dem Ende des Balkankrieges beschlossen wurde.
Kosovo: Die EU führt im Kosovo eine Rechtsstaatlichkeitsmission durch, welche als Aufgabe den Aufbau von Polizei, Justiz und Verwaltung hat. Es handelt sich dabei um eine rein zivile Mission, die die Rechtsstaatlichkeit für alle Bevölkerungsgruppen und eine stabile Entwicklung des Landes fördern soll. Für die Sicherheit der Helfer in der durch den Balkankrieg zerrütteten Region sorgt die internationale KFOR-Truppe der NATO.
Georgien: Von Juli 2004 bis Juli 2005 trug die zivile Mission EUJUST THEMIS zur Stärkung der rechtsstaatlichen Strukturen Georgiens bei. Die Region geriet ins internationale Rampenlicht durch einen Konflikt mit Russland. Russland hat die abtrünnigen Regionen Südossetien und Abchasien als unabhängige Staaten anerkannt, wodurch der Konflikt ausgelöst wurde. Die EU fungierte dabei als Vermittler und überwachte den Rückzug der russischen Truppen aus Georgien auf die Positionen vor den fünftägigen Kriegshandlungen. Seitdem sind über 6 Mio. € an Wiederaufbauhilfen in die Region geflossen.
Afghanistan: EUPOL Afghanistan ist ein Teil der europäischen Verteidigungs- und Sicherheitspolitik. Im Rahmen der Mission wird die afghanische Regierung beim Aufbau einer Polizei unterstützt, die den rechtsstaatlichen Prinzipien folgt. Neben der Polizei soll auch das Innenministerium reformiert werden, damit das Land bald die rechtsstaatlichen Aufgaben eigenständig erfüllen kann.
Palästina: An den Friedensbemühungen im Nahen Osten beteiligt sich die EU mit zwei Missionen: EUPOL COPPS soll die öffentliche Ordnung in Palästina stärken und die palästinensischen Behörden bei der Übernahme dieser Verantwortung unterstützen sowie das Leistungsvermögen der Zivilpolizei und Strafverfolgungsbehörden ausbauen. EUBAM Rafah dient als Kontrollmission an der palästinensisch-ägyptischen Grenze, die die palästinensische Behörden beim Aufbau des Grenzschutzes und Zolls unterstützt.

Somalia: EU NAVFOR Somalia ist eine militärische Mission der EU und anderer Nationen mit dem Ziel, die humanitären Hilfslieferungen nach Somalia zu schützen und die freie Seefahrt am Horn von Afrika zu sichern. Dazu soll die Piraterie vor der Küste des Landes unterbunden werden. Es ist die weltweit erste Marineoperation der EU.
Kongo: Nach mehr als vierzig Jahren Krieg und Diktatur fanden im Jahr 2006 erste demokratische Wahlen im Land statt. Die EU wurde mit dem Mandat des UN-Sicherheitsrates beauftragt, über einen friedlichen und ordnungsgemäßen Ablauf der Wahlen als neutraler Beobachter zu wachen. In der folgenden EUPOL-Mission soll der Polizei- und Justizapparat nach rechtsstaatlichen Normen und auf der Basis einer multiethnischen Struktur ausgebaut werden.

AV3
Die Aufgaben der GASP (Gemeinsame Außen- und Sicherheitspolitik) sind:
- Koordination der nationalen Politik,
- Erhaltung des Friedens,
- Förderung der Demokratie und Menschenrechte,
- Festlegung gemeinsamer Verteidigungspolitik,
- rüstungspolitische Zusammenarbeit,
- Krisenbewältigung.

AV4
Das größte Problem der GASP ist, dass die Außenpolitik, wie sie die EU betreibt, eher eine Kann-Bestimmung ist, an der sich die Regierungschefs der Mitgliedsländer halten können, aber nicht müssen. Die Mitgliedstaaten tun sich schwer, die zentrale Domäne ihrer Nationalstaatlichkeit an die Gemeinschaft abzugeben. Außerdem sind die Ziele sehr hoch gesteckt. Die EU will theoretisch jede Form von Gewalt, Terror und Fanatismus entschlossen bekämpfen und zwar so, dass auch die armen Länder von der globalen Solidarität profitieren können. Praktisch werden aber viele Entscheidungen in der GASP nur auf dem kleinsten gemeinsamen Nenner getroffen, was den normativen Zielen entgegensteht.

AV5
Die EU beansprucht für sich im internationalen Geschehen eine wichtige Rolle und obwohl alle Mitgliedstaaten schon immer die Notwendigkeit eines gemeinsamen Handels in der europäischen Außenpolitik erkannt haben, gestaltet sich die praktische Umsetzung dieses Vorhabens schwierig. In vielen Fällen gelang es nicht, mit einer Stimme zu sprechen, besonders dann, wenn die Interessen einzelner Mitglieder betroffen waren. Damit war ein „Zusammenspiel", wie es Frank-Walter Steinmeier in seiner Parallele zu einer Mannschaftssportart zieht, nicht möglich. Es galt immer das Prinzip der Einstimmigkeit bei Fragen der Außenpolitik, wodurch viele Entscheidungen blockiert wurden. Damit die europäische Außenpolitik und Diplomatie mehr Profil bekommen, wurde das Amt des Hohen Vertreters für Außen- und Sicherheitspolitik mit dem Vertrag von Lissabon geschaffen. Seine Aufgabe ist die Koordination der Positionen der EU-Mitgliedstaaten, wenn es um die Außenpolitik geht. Das betrifft sowohl die Gestaltung als auch die Durchführung der außenpolitischen Schritte. Dabei wird der Hohe Vertreter durch politische und militärische Berater unterstützt. Darüber hinaus wurden auch flexiblere Abstimmungsverfahren für GASP-Beschlüsse eingeführt. Es sind jetzt auch Mehrheitsbeschlüsse und Enthaltungen möglich. Bedrohungen kann besser entgegengetreten werden, um so als Gemeinschaft einen Beitrag zur Friedenssicherung zu leisten, wie es Robert Schuman forderte. Lediglich militärische Maßnahmen müssen noch einstimmig beschlossen werden.

S. 170/171

Die Türkei und die EU

Beitritt ja oder nein?

Lösungshinweise zu den Arbeitsvorschlägen

Kopiervorlage
„Kandidat Türkei"
t499aa

AV 1

Pro Türkei-Beitritt	Kontra Türkei-Beitritt
- Teile der Türkei gehören geografisch zu Europa. - Modernisierungsprozess verläuft sehr schnell. - Enorme ökonomische Entwicklung - Kann dem Wettbewerbsdruck auf dem europäischen Markt standhalten - Eine Brücke zur islamischen Welt	- Unterschiedliche kulturelle Prägungen - Starke islamische (religiöse) Prägung - Durch die Größe der Bevölkerung würde die Türkei nach der neuen Verfassung (Mehrheitsentscheidungen) einen großen Einfluss bekommen. - Traditionelle Politikziele Europas könnten behindert werden.

AV 2

Die Karikatur „Wann ist die Zeit reif?" von Klaus Stuttmann aus dem Jahr 2005 stellt die Ausdehnung der Europäischen Union im Jahr 2060 dar. Ganz Europa und Asien sind Mitglied der Gemeinschaft, lediglich die Türkei fehlt. Am Verhandlungstisch wird über den Beitritt der Türkei diskutiert. Einer der Teilnehmer stimmt dagegen. Der Zeichner stellt deutlich die Problematik des Türkei-Beitritts dar. Grund sind die Beitrittsbestimmungen und die Prozedur bei der Abstimmung. Die Türkei muss verschiedene Voraussetzungen für den Beitritt erfüllen und gleichzeitig die Zustimmung aller Mitgliedstaaten erhalten. Der Aufnahmeprozess gestaltet sich somit sehr schwierig. Ändern sich die Beitrittsbestimmungen nicht, könnten die Beitrittsverhandlungen durch eine einzelne Gegenstimme aus den Reihen der Mitgliedstaaten scheitern oder sich auf eine unbestimmte Zeit hinauszögern.

AV 3a

Individuelle Lösungen der Schülerinnen und Schüler

Hinweise: In einem Szenario sollen die Vorstellungen über eine positive und/oder negative Veränderung zu umfassenden Bildern und Modellen unter Berücksichtigung verschiedener Entwicklungsfaktoren zusammengefasst werden. Es geht um die Beschreibung einer möglichen Zukunft mit Hilfe kreativer und intuitiver Elemente.

Positives Szenario: Der Einflussbereich der Europäischen Union steigt. Durch die aufstrebende Wirtschaft der Türkei wird auch die Entwicklung des europäischen Marktes gestärkt. Neue Absatzmärkte werden erschlossen und die Größe der Bevölkerung stellt potenzielle neue Kunden für den Binnenmarkt. Kulturell und politisch würde die EU eine neue Position gegenüber islamischen Staaten einnehmen. Das Argument, die EU sei eine christliche Gemeinschaft, könnte von den fundamentalistischen Strömungen der islamischen Welt nicht mehr genutzt werden. Eine neue Ära der Verständigung könnte eingeläutet werden.

Negatives Szenario: Die hohe Arbeitslosigkeit in der Türkei könnte dazu führen, dass durch die Freiheiten des Binnenmarktes neue Arbeitsuchende die Arbeitsmärkte der anderen Mitgliedstaaten überschwemmen würden. Wird die Handelsbilanz weiterhin negativ ausfallen, d.h. die Türkei gibt mehr Geld für Importe aus als sie aus den Exporten einnimmt, könnte dies einer künftigen Währungsunion schaden und die Stabilität der Gemeinschaftswährung gefährden. Auch die starke landwirtschaftliche Prägung des Landes würde sich negativ auf den Haushalt der Union auswirken. Ein großer Teil der Agrarsubventionen würde in die Türkei fließen. Sollten fundamentalistische Strömungen im Land die Oberhand gewinnen, könnten sie die Ziele der EU bei Mehrheitsentscheidungen behindern.

AV 3b

Individuelle Lösungen der Schülerinnen und Schüler

Hinweis: Die Meinung der Schülerinnen und Schüler sollte mit Argumenten aus dem AV 1 und AV 3 begründet werden.

Vertiefung: Zukunftsperspektiven

S. 172–175

Wohin steuert die EU?

Lösungshinweise zu den Arbeitsvorschlägen

AV 1

Die Bürgerinnen und Bürger wünschen sich Stabilität und Sicherheit in Europa. Einen besonderen Stellenwert nimmt dabei die Wirtschafts- und Währungspolitik sowie die Einwanderungspolitik ein – die Topnennungen für die Bereiche, auf die sich die EU besonders konzentrieren sollte. Diese beiden Problemfelder findet man auch in den Beispielen M 4, M 7 und M 8. M 4 könnte auch dem Wunsch nach mehr Bildungs- und Sozialpolitik zugeordnet werden. Beide gehören auch zu den Topnennungen in der Umfrage.
Auch Klimawandel (M 10) und Außenpolitik (M 5) bewegen die Bürgerinnen und Bürger der EU, wobei der Wunsch, Anstrengungen zum Thema Klimawandel zu unternehmen, häufiger genannt wird als die Außenpolitik. Fügt man die Umweltpolitik, die von 25 % der EU-Bürgerinnen und Bürger genannt werden, zum Kampf gegen den Klimawandel hinzu, so wird deutlich, dass dieses Thema neben den Wirtschaftsfragen die Befragten besonders stark bewegt. Weniger Interesse zeigen die Bürgerinnen und Bürger an der Kultur- und Verkehrspolitik.

Kopiervorlage
„Europa: Vertrauen erneuern – Verbindlichkeit stärken"
6759j6

Linktipp
Eurokrise in der Presse
c7w3db

Linktipp
Übersicht über die Auslandseinsätze der EU
g6s8rg

Linktipp
Entwicklung der Binnen- und Außengrenzen der EU
e9a98m

AV 2

Jürgen Habermas sieht eine Entfremdung der Bürgerinnen und Bürger von der Idee der europäischen Einigung, ja sogar einer Teilnahmslosigkeit im Hinblick auf die Entscheidungen des Parlaments in Straßburg. Dies begründet sich seiner Meinung nach darin, dass die Union bisher von den politischen Eliten getragen und monopolisiert worden ist. Damit Europa zum Europa der Bürgerinnen und Bürger wird, muss den Menschen bewusst, oder sogar durch Medien bewusst gemacht werden, wie stark die Entscheidungen der Europäischen Union in ihren Alltag eingreifen. Nur so kann laut Habermas das Interesse der Bürgerinnen und Bürger an der EU zunehmen.

AV 3

Ein Europa für die Bürgerinnen und Bürger und ein Europa der Bürgerinnen und Bürger sind die Leitideen des europäischen Einigungsprozesses. Allerdings haben die Bürgerinnen und Bürger kaum das Gefühl, dass es ihr Europa ist. Die Wahlen zum Europaparlament weisen deshalb auch eine geringe Wahlbeteiligung auf. Wenn gefordert wird, dass Europa mehr Demokratie braucht, heißt das auch, dass das Europaparlament mit mehr Macht und Kompetenzen ausgestattet werden muss. Die nationalstaatlichen Kompetenzen würden so verringert werden und die Bürgerinnen und Bürger würden erkennen, dass ihre Stimme für das Europaparlament eine große Bedeutung hat. Schließlich beeinflussen dessen Entscheidungen heute schon den Alltag der EU-Bürger in hohem Maße.

AV 4

Individuelle Lösungen der Schülerinnen und Schüler. Mögliche Argumente:

Pro	Kontra
– Die Idee eines vereinten Europas könnte noch effektiver gestaltet werden. – Der Integrationsprozess würde weiter vorangetrieben werden. – Bündelung von Ressourcen und Know-how – Starke Position auf dem globalen Markt – Stärkere politische Außenwirkung und Beschleunigung von GASP-Entscheidungen	– Einzelstaaten können nicht mehr selbst entscheiden. – Vergrößerung des Verwaltungsapparates – Verlust der Nationalstaatlichkeit – Krisen einzelner Staaten wirken sich auf die Gemeinschaft aus.

AV 5

Das Gegenbild „Festung Europa" steht im Widerspruch zur Idee der Europäischen Union. Eine Wiedereinführung der Grenzkontrollen innerhalb der EU würde das Gebilde der Nationalstaaten untermauern und einen Rückschritt in der politischen Einheit Europas darstellen. Auch eine restriktive Einwanderungs- und Asylpolitik widerspricht dem Einheitsgedanken, der Menschen und Kulturen unterschiedlicher Herkunft zu einer Gemeinschaft verhelfen soll und dabei innerhalb dieser Gemeinschaft besonders auf das Prinzip Solidarität setzt.

AV 5

Europäischer Bundesstaat	
Pro: - Verfassung mit Zusammenstellung der gemeinsamen Grundwerte - Es werden handlungsfähige und demokratisch legitimierte Institutionen eingerichtet.	Kontra: Mitgliedstaaten können bei wichtigen politischen Entscheidung nicht mehr selbst entscheiden.
Staatenbund	
Pro: Die Regierungen der einzelnen Staaten entscheiden gemeinsam bei politischen Fragen.	Kontra: - Die Entscheidungsverfahren sind schwerfällig. - Fehlende Mehrheitsentscheidungen
Europa der Regionen	
Pro: Starke Regionen wirken als eine weitere Ebene bei der Entscheidungsfindung (Bürgernähe).	Kontra: - Weitere Entscheidungsebenen würden den Entscheidungsprozess zusätzlich verlangsamen. - Die Union könnte zersplittern.
Differenzierte Integration	
Pro: Entscheidungen werden von einem föderalen Kern geschlossen, was die Entscheidungsprozesse beschleunigen kann, wenn einzelne Staaten zögern.	Kontra: Eine solche Form ist gekennzeichnet durch komplizierte Regierungs- und Verwaltungsstrukturen, wodurch Entscheidungen erschwert und der bürokratische Apparat wachsen würden.

AV 6

Individuelle Lösungen der Schülerinnen und Schüler

Kapitel 8

S. 176 – 213

Herausforderungen in der globalisierten Welt

Leistungskontrolle
Bausteine zur Leistungsüberprüfung
p8b2qp

Didaktische Intention und roter Faden durch das Kapitel

Das Kapitel ist eine Herausforderung für die Schülerinnen und Schüler: aufgrund der verschiedenen Aspekte, der unterschiedlichen Blickwinkel und seinen mannigfachen fachlichen Bezügen zu Geschichte, Politik, Arbeitslehre/Wirtschaft sowie seiner (scheinbaren) Ferne zur Lebenswelt der Schülerinnen und Schüler und den darzulegenden durchaus komplexen wirtschaftlichen Aspekten. Deshalb ist es sinnvoll, bei der Behandlung von Kapitel 8 – auch im Sinne der Handlungsorientierung und der Schulung der Methodenkompetenz – mit der Gestaltung einer Wandzeitung oder einer Plakatausstellung zu beginnen. Diese begleitet die Einheit und wird dabei ständig erweitert. Hierdurch ist zugleich die Möglichkeit der Rückbesinnung, der Wiederholung und Übung gegeben.
Die Einheit ist so aufgebaut, dass sie in sich klar gegliedert ist und relativ dicht bei der Lebenswelt der Schülerinnen und Schüler einsetzt. Mit ihren abschließenden Vertiefungsseiten gibt sie den Schülerinnen und Schülern Hinweise zu einem positiven Friedensbegriff, einem Fazit der (Konflikt-)Analyse und ein positives Handlungsangebot.
Der Aufbau der Themeneinheit stellt sich folgendermaßen dar: Im ersten Teil werden die Auswirkungen eines globalisierten Welthandels thematisiert. Zuerst wird die Bedeutung des freien Welthandels besprochen, anhand der Gewinner und Verlierer, der WTO sowie TTIP. Anschließend werden die Folgen für die Verlierer des globalisierten Handels aufgezeigt und in der Vertiefung eine Konfliktanalyse zum Fluchtpunkt Europa behandelt. Der nächste Schwerpunkt sind die Konflikte im 21. Jahrhundert und Beispiele von Akteuren im Bereich der Friedenssicherung, die anhand der UNO und den NGOs besprochen werden. Die Frage „Was hat das mit uns zu tun?" steht am Ende des Kapitels und holt die Schülerinnen und Schüler in ihrer eigenen Wirklichkeit ab. Themen, wie positiver Frieden als ideale Zielvorstellung, die strukturelle Gewalt aber auch eigene Verantwortung übernehmen, stehen hier im Mittelpunkt.

Hinweise zum Einstieg

Der Zugang zum Kapitel wird dadurch geschaffen, dass es um eine direkte und konkrete Situation geht, die uns als Europäer betrifft: Wie gehen wir mit den afrikanischen Flüchtlingen um, die nach Europa gelangen wollen (Karte, Foto und erläuternder Text)? Hierdurch ergeben sich diejenigen Fragen, die im Kapitel aufgegriffen und diskutiert werden: Warum flüchten die Menschen aus Afrika? Welche Konflikte können daraus entstehen? Wer arbeitet für den Frieden? Was hat das alles mit uns zu tun? Respektive: Was können wir – persönlich – tun?
Diese Fragestellungen können mit Hilfe einer Mindmap erarbeitet und strukturiert werden. Durch die Rezeption der Hinweise zur Organisation des Lernprozesses differenziert, können sie den Ausgangspunkt einer Wandzeitung bilden. Das Kapitel bietet als Einheit vielerlei Möglichkeiten zur selbstständigen Arbeit, die je nach Interesse und gegebenem Zeitrahmen, z. B. durch die Anwendung der Konfliktanalyse auf weitere aktuelle Konflikte, erweitert und vertieft werden kann. Die Vertiefung „Fluchtpunkt Europa" kann als Beispiel für Recherche und Analyse dienen. Weitere Möglichkeiten der Erweiterung und Vertiefung bieten sich durch die Auseinandersetzung mit der Arbeit weiterer NGOs, wie auch Recherchen und Diskussionen zu Möglichkeiten und Grenzen des persönlichen Engagements.
Als Handlungsprodukt der Unterrichtsreihe wird ein erdachtes Reisetagebuch vorgeschlagen. Hier kann als Lektüregrundlage das Buch von Fabrizio Gatti, „Bilal. Als Illegaler auf dem Weg nach Europa", dienen.

S. 178–181

Folgen des freien Wettbewerbs

Wie wirkt sich die internationale Vernetzung aus?

Kopiervorlage
„Freier Welthandel"
xp3v5q

Lösungshinweise zu den Arbeitsvorschlägen

AV 1
Individuelle Lösungen der Schülerinnen und Schüler

AV 2a
M 1 kritisiert im Wesentlichen zwei Aspekte: Die Macht der Unternehmen, die damit drohen, den einen Standort aufzugeben, wenn ein anderer Standort ihnen deutliche Vorteile anbietet. Zum anderen die Politik der Gemeinden, Länder und Staaten, die Unternehmen durch Subventionen (Steuervorteile, staatliche Hilfen) in ihre Region „locken" möchten und sich gegenseitig Konkurrenz machen, oft mit dem Effekt, dass sich manche Unternehmen zu „Subventionshoppern" entwickeln, d. h. ihre Produktion ständig wechselnd an diejenigen Standorte verlagern, die ihnen die größten Vorteile bieten. Bietet ein anderer Standort – wenn auch nur mittelfristig – bessere Konditionen, wechseln sie dorthin. Siehe den Wechsel von Nokia aus dem stark subventionierten Standort Bochum (2008) nach Rumänien und nun nach Asien.

AV 2b
Globalisierung bedeutet, dass sich Unternehmen weltweit nach denjenigen Standorten umsehen, an denen sie die höchsten Profite (Gewinne) erzielen können. Dabei geht es oft skrupellos und ohne jegliches soziale Gewissen oder gesellschaftliches Engagement zu (M 2). In gleicher Weise entwickelt sich die Globalisierung der Finanzmärkte. Computerprogramme entscheiden heute in Sekundenbruchteilen „selbstständig", wo das Geld hingehen soll, damit der Besitzer den höchstmöglichen Gewinn erzielt. Dabei ist es den „Finanzjongleuren" völlig gleichgültig, ob dabei Arbeitsplätze gefährdet werden oder ganze Staaten in Finanznot geraten, weil für sie auf einmal die Zinsen für Kredite drastisch steigen.

AV 2c
Die Chancen für den Wirtschaftsstandort Deutschland bestehen vor allem darin, dass Waren von hoher Qualität in alle Welt exportiert werden können. Deutschland ist eine der bedeutendsten Exportnationen, vor allem in den Bereichen des Maschinenbaus und der Hochtechnologien. Deutsche Produkte gelten zwar als preisintensiv, aber qualitativ hochwertig und werden entsprechend gut verkauft. In Bereichen, in denen die Qualität auch durch weniger gut ausgebildete Arbeitskräfte auf ähnliche Weise viel billiger zu erreichen ist, ist die Konkurrenz sehr groß. Hier verliert der Wirtschaftsstandort Deutschland an Arbeitsplätzen.

AV 2d
Globalisierung bedeutet, dass die Konkurrenz zwischen Unternehmen weltweit besteht, Arbeitnehmer nicht nur in ihrem Heimatland, sondern auch in weit entfernten Ländern arbeiten, z. B. in einem VW-Werk in China. Globalisierung heißt, dass „Made in Germany" auch bedeuten kann, dass die Einzelteile eines Gerätes aus vielen verschiedenen Ländern der Welt kommen können und lediglich in Deutschland montiert werden. Das alles ist dann nicht nachteilig, wenn die Menschen in ihrem politischen Handeln dafür sorgen, dass die Unternehmen sozial verantwortlich vorgehen und die verschiedenen Gesellschaften bei aller wirtschaftlichen Konkurrenz darauf achten, dass Solidarität, Gerechtigkeit und Freiheit berücksichtigt werden. Bundespräsident Rau sah die Globalisierung an sich nicht als negativ an, forderte aber, dass die Menschen in ihrem politischen Handeln darauf achten müssen, dass im Globalisierungsprozess soziale Verantwortung und Menschlichkeit beibehalten werden müssen.

Regeln für ein faires Handeln

S. 182–185

Wer profitiert von der WTO oder vom TTIP?

Lösungshinweise zu den Arbeitsvorschlägen

AV1

- Europa: Deutschland, Niederlande, Frankreich, Italien, Belgien, Großbritannien, Spanien, Schweiz
- Asien: China, Japan, Südkorea, Hongkong, Russland, Singapur, Taiwan, Saudi-Arabien, Vereinigte Arabische Emirate, Malaysia, Indien, Thailand
- Nordamerika/Mittelamerika: USA, Mexico
- Südamerika: Brasilien
- Australien: Australien

Der Betrag, den die EU-Staaten an den Ausfuhren haben, umfasst 4,338 Mrd. Dollar. Die Ausfuhren der Schweiz sind nicht mit eingerechnet, da diese kein EU-Mitglied ist.

AV2

Nach dem Zusammenbruch des Ostblocks wurde eine Organisation benötigt, die sich für den Abbau von Handelsschranken einsetzt und den freien Welthandel sichert. Durch sie sollen alle Käufer und Verkäufer freien Zugang zum Weltmarkt haben. Die Regelungen der WTO sollten für den gesamten Welthandel gelten.
Die WTO möchte sich um einen fairen Handel bemühen. Dazu versucht sie, auf die Regelung der Einfuhrzölle Einfluss zu nehmen. Die großen Industrienationen versuchen, durch die WTO die Senkung der Einfuhrzölle für Industrieprodukte zu erwirken, um einen größeren Markt für den Absatz ihrer Produkte zu haben. Länder, deren Industrie nicht so stark ist, versuchen ihre nationalen Betriebe vor zu billigen Importen zu schützen, denn es wird befürchtet, dass als Folge der zu geringen Zölle die einheimischen Industrieprodukte vom Markt verdrängt werden.

AV3

Als Kritikpunkte sind genannt:

- Niedrige Zölle schaden den Entwicklungsländern, nützen nur den entwickelten Industriestaaten; durch niedrige Zölle werden Waren aus den Industrieländern preiswerter in die Entwicklungsländer eingeführt und zerstören dort die Agrar- und Industrieproduktion.
- Eine Verbilligung von Waren sorgt für einen größeren Ressourcenverbrauch und damit zu einer größeren Umweltzerstörung.
- Die WTO praktiziere eine interessengeleitete Politik; dies gelte auch im Bereich der Agrarproduktion: Die Industriestaaten subventionieren ihre Landwirtschaft und schützen sie so durch künstlich niedrig gehaltene Preise vor der Konkurrenz aus Drittländern. Hierdurch sind wieder die Entwicklungsländer betroffen, die einerseits ihre Agrarprodukte nur zu ungünstigen Konditionen auf dem Weltmarkt anbieten und oft nicht verkaufen können. Andererseits werden die Märkte der Entwicklungsländer durch die subventionierten Agrarprodukte der Industriestaaten überschwemmt und die einheimische Landwirtschaft kaputt gemacht.

AV4

TTIP ist die Abkürzung für ein geplantes Handelsabkommen zwischen der EU und den USA. Es soll dazu dienen, Zölle abzubauen und technische Regelwerke, Normen und Zulassungsverfahren zu vereinheitlichen. Der Abbau von Zöllen würde Waren und Dienstleistungen verbilligen und den Handel zwischen der EU und den USA fördern. Eine Vereinheitlichung würde ebenfalls den Handel fördern und darüber hinaus Unternehmen von als unnötig angesehenen Anpassungen (z. B. Autos) entlasten (Kostenersparnis). Es wird erwartet, dass hierdurch für die Unternehmen Ersparnisse in Millionenhöhe entstehen und damit hunderttausende neue Arbeitsplätze. Man geht davon aus, dass ein Wirtschaftswachstum von 120 Mrd. € entsteht, das ein jährliches Zusatzeinkommen von 545 € für den durchschnittlichen EU-Haushalt bedeute.

AV 5a

Mögliche Vorteile	Mögliche Nachteile
– Waren und Dienstleistungen werden durch den Abbau von Zöllen billiger. – Durch eine Vereinheitlichung von Regelwerken, Normen und Zulassungsverfahren sparen die Unternehmen erheblich an Kosten. – Beides fördert den Handel. – Es entstehen neue Arbeitsplätze. – Das durchschnittliche Einkommen von Haushalten steigt.	– Umweltstandards werden verwässert (Chemikalien, Pflanzenschutzmittel, Nahrungszusätze). – Genmanipulierte Lebensmittel aus den USA sind nicht als solche gekennzeichnet. – Konzerne klagen gegen Entscheidungen von Staaten (z. B. Stromkonzerne auf Schadenersatz durch den Atomausstieg der Bundesrepublik) auf Schadenersatz oder gegen staatliche Regelungen. – Die Entscheidungen über solche Klagen sollen von speziellen Schiedsgerichten und nicht von ordentlichen Gerichten in der EU bzw. den USA getroffen werden. – Das prognostizierte Wirtschaftswachstum von 0,5 % der EU-Wirtschaftsleistung bezieht sich auf mindestens zehn Jahre und bedeutet so nur ein Wachstum von jährlich 0,05 %. Dieser Wert ist so gering, dass er von der Statistik nicht einmal sicher erfasst werden kann. – Die Privatisierung staatlicher Dienstleistungen, die in diesem Abkommen geregelt werden soll, kann sich nachteilig für die Bürger auswirken

AV 5b

Individuelle Lösungen der Schülerinnen und Schüler

Stille Verlierer

S. 186/187

Wer leidet unter der globalen Wirtschaft?

Lösungshinweise zu den Arbeitsvorschlägen

AV 1

Länder, die in ihrer wirtschaftlichen, sozialen und politischen Entwicklung einen geringen Stand aufweisen, werden als Entwicklungsländer bezeichnet. Die Unterentwicklung wird dabei an verschiedenen Merkmalen beobachtet. Dazu zählen: geringes BIP, starke landwirtschaftliche Ausprägung, hohe Auslandsverschuldung, hohe Arbeitslosigkeit, außenwirtschaftliche Ausrichtung auf die Industrieländer, unzureichende Infrastruktur, starke Umweltverschmutzung, hohe Geburtenrate, geringe Lebenserwartung, fehlende oder geringe schulische Bildung und medizinische Versorgung.

AV 2

Land	BIP pro Einw.	Bevölkerung	Alphabetisierungsrate	Lebenserwartung
Kongo	280 $	67,8 Mio.	66,8 %	48,4
Niger	641 $	16,1 Mio.	28,7 %	54,7
Burundi	368 $	8,6 Mio.	66,6 %	50,4
Vergleichswerte eines Industrielandes				
Deutschland	34 854 $	82,1 Mio.	k. A.[1]	80,4

1 Eine Studie der Uni Hamburg kam zum Ergebnis, dass ca. 2,3 Millionen Deutsche keine ganzen Sätze lesend verstehen oder schreiben können. Weitere 7,5 Millionen der Bevölkerung einzelne Sätze lesen und schreiben, aber keine zusammenhängende Texte, wie z. B. kurze Arbeitsanweisungen, verstehen können (Quelle: Bundesministerium für Bildung und Forschung, http://www.bmbf.de/de/426.php, Zugriff 17.05.2012).

Die Daten wurden dem Human Development Report 2011 entnommen (http://hdr.undp.org/en/, Zugriff 16.05.2012).

AV 3

Die Unterentwicklung lässt sich u. a. auf die Behandlung der Länder während der Kolonialzeit und die Probleme nach der Unabhängigkeit zurückführen. Zur Zeit des Kolonialismus wurden die Staaten Afrikas, Südamerikas und Südostasiens von den Kolonialmächten Europas ausgebeutet. Die Wirtschaftszweige zerschlugen die Kolonialherren, um eigene Industriegüter verkaufen zu können. Die Ressourcen wurden ausgebeutet und die Bevölkerung mit militärischer Gewalt unterdrückt. Erst Mitte des zwanzigsten Jahrhunderts haben sich die Kolonialmächte aus den Kolonien zurückgezogen, ohne eine Aufbauhilfe zu leisten. Die innergesellschaftlichen Verhältnisse behindern seitdem eine rasche Entwicklung.

AV 4

Individuelle Lösungen der Schülerinnen und Schüler

Hinweis: Die Bedingungen für eine Verbesserung des Dialogs zwischen Industriestaaten und Entwicklungsländern sollten in zwei Kategorien aufgeteilt werden.

Bedingungen für Industriestaaten	Bedingungen für Entwicklungsländer
- Finanzielle Unterstützung - Schuldenerlass - Technologische Unterstützung - Unterstützung beim Aufbau der Infrastruktur	- Einführung von Demokratien - Achtung der Menschenrechte - Bekämpfung von Kriminalität und Korruption

AV 5

Individuelle Lösungen der Schülerinnen und Schüler

Hinweis: Die Schülerinnen und Schüler sollten bei ihrer Recherche besonderes Augenmerk auf die Länder setzen, die den Kreis der G 8 auf zwanzig Mitglieder erweitert haben. Es sind die sogenannten Schwellenländer wie Brasilien, Indien, China, Mexiko, Indonesien, Südafrika, Saudi-Arabien, Argentinien und Südkorea.

S. 188/189

Chancen und Risiken armer Länder

Was tun gegen Massenarmut?

Lösungshinweise zu den Arbeitsvorschlägen

AV 1

Schwellenländer waren ursprünglich Entwicklungsländer und weisen deshalb teilweise noch Merkmale eines solchen Landes, wie z. B. geringe Lebenserwartung, hohe Geburtenrate, geringe Alphabetisierungsrate und Probleme mit dem Umweltschutz auf. Dagegen können sie Fortschritte bei der Industrialisierung nachweisen. Sie besitzen ein überdurchschnittliches Wirtschaftswachstum, bauen die Infrastruktur aus und sie verfügen über eine Arbeitsproduktivität, die mit der eines Industrielandes vergleichbar ist, bei gleichzeitig niedrigem Lohnniveau. Das BIP beträgt meistens über 1000 U$D pro Einwohner. Zu solchen Ländern zählen z. B. Brasilien, China, Mexiko und Türkei.

AV 2

Die Schwellen- bzw. Entwicklungsländer können von dem Globalisierungsprozess profitieren, wenn sie es schaffen, dass sich Industrie aufgrund des niedrigen Lohnniveaus bei ihnen ansiedelt. Allerdings besteht gleichzeitig die Gefahr einer Abhängigkeit von den multinationalen Konzernen.

AV 3

Betrachtet man die Faktoren, die die Entwicklung Nigerias hemmen, so beobachtet man verschiedene Schwerpunkte. Die Infrastruktur ist zerfallen oder die Regierung investiert in Großprojekte, die langfristig nicht zu unterhalten sind. Es gibt besonders hohe Korruption innerhalb des Landes und eine wirtschaftspolitische Verantwortungslosigkeit. Das führt dazu, dass Kapital für Sozial-, Gesundheits- und Bildungsausgaben fehlt. Dagegen bauen die meist autoritären Regimes die Staatsapparate aus und sichern sich mit den Öleinnahmen ihre Position. Zuweilen kommt es auch zu gewaltsamen Konflikten, da viele Menschen in Armut leben. Dabei verfügt Nigeria über beste Voraussetzungen für eine rasche Entwicklung. Die Förderung des Öls verursacht für den Staat keine Kosten. Die Einnahmen haben den Charakter von „Renten“. Allerdings ist der Reichtum aus den Einnahmen gleichzeitig auch ein Fluch für das Land. Das Geld erreicht nicht die Bevölkerung. Durch die bereits erwähnten Faktoren kann es nicht für eine Entwicklung genutzt werden.

AV 4

In Fachkreisen wird besonders die fehlende Bildung als eine der Hauptursachen für Unterentwicklung angesehen. Die meisten Entwicklungsländer besitzen deshalb einen geringen Alphabetisierungsgrad. Durch Schulbildung haben die Menschen mehr Chancen, einen qualifizierten Beruf zu finden und dadurch in bessere Lohnverhältnisse zu kommen. Mehr Geld bedeutet, bessere Chancen, die Bedürfnisse zu befriedigen und evtl. aus der Armut herauszukommen. Abgesehen davon können Aufklärungsmaßnahmen (z. B. zur Vermeidung von Krankheiten) unter der Bevölkerung besser durchgeführt werden.
Initiativen zur Selbsthilfe stellen einen weiteren wichtigen Faktor für Entwicklungschancen dar. Die Menschen in solchen Initiativen sind in der Lage, selbstständig Gewinne aus ihrer Arbeit zu erwirtschaften, wodurch sie weniger abhängig von anderen werden. Das ist besonders für Frauen wichtig. In vielen Entwicklungsländern ist die Frau von ihrem Mann abhängig, da sie nicht über eigene Einkünfte verfügt und häufig nur eine geringere Bildung vorweisen kann. Durch Initiativen zur Selbsthilfe kann das Problem überwunden werden. Das gesellschaftliche Ansehen von Frauen, die über finanzielle Mittel verfügen, steigt.

AV 5

Individuelle Lösungen der Schülerinnen und Schüler
Hinweis: Nach dem Human Development Report 2011 sind Niger, Tschad, Mosambik, Burundi und die Demokratische Republik Kongo die fünf ärmsten Länder der Welt. Bei der Vorstellung der Länder sollten Bevölkerungsstruktur, geografische, politische und wirtschaftliche Faktoren berücksichtigt werden.

Vertiefung: Fluchtpunkt Europa

S. 190–197

Warum suchen viele Menschen ihr Glück in der EU?

Lösungshinweise zu den Arbeitsvorschlägen

AV 1

Hinweise für eine Konfliktanalyse

Kopiervorlage „Von Dakar nach Mailand" zg47z3

Unabhängig davon, wie das Kapitel 8 insgesamt bearbeitet wird (siehe Einführung), den Schülerinnen und Schülern sollte in diesem Abschnitt deutlich werden, dass ernsthafte Konflikte nicht immer der massiv in Erscheinung tretenden Gewalt bedürfen und nicht immer beide Gruppen bewaffnet oder gewaltbereit sein müssen.
Die Insel Lampedusa steht hier exemplarisch für alle Bereiche der EU-Außengrenzen. Je nach Leistungsfähigkeit der Lerngruppe können weitere Bereiche (z. B. M 3) mit in die Erarbeitung genommen werden.

1. Welches sind die Konfliktparteien?

Auf der staatlichen Ebene gehören die Staaten der EU der einen Seite der Konfliktparteien an. Innerhalb der EU kann man unterscheiden zwischen den Ländern, die eine EU-Außengrenze haben und denjenigen, die innerhalb der EU von der „Drittstaatenregelung" profitieren.
Auf der anderen Seite stehen die Flüchtlinge, die ihre Heimatländer in Afrika aus den verschiedensten Gründen verlassen wollen: politische Verfolgung, Krieg, Tyrannei, wirtschaftliche Not, Armut, Erwerbslosigkeit, Überbevölkerung, Hungersnöte, Probleme durch Umweltzerstörung, politische und/oder gesellschaftliche Umbrüche.

2. Worum geht es bei dem Konflikt?

Auf den ersten Blick bezieht sich der Konflikt auf den Aspekt zwischen Arm und Reich und damit auf einen ökonomisch-sozialen Bereich. Abgesehen davon, dass es aber nicht nur um illegale Einwanderung, sondern auch um Schutzsuchende im Rahmen der Gewährung von Asyl geht, spielen auch andere Bereiche hinein, die den Staaten der EU in diesem Konflikt Verantwortung auferlegen, so zum Beispiel auch aus historischen Gründen.

Geschichtliche Aspekte

Viele der heutigen Staaten Afrikas sind als Kolonien von Staaten der EU ausgebeutet worden. Armut und wirtschaftliche Schwierigkeiten rühren zum Teil aus jener Zeit her, in der die Afrikaner gezwungen wurden, Monokulturen anzupflanzen. Hierdurch wurde der Anbau von Grundnahrungsmitteln zuweilen dermaßen reduziert, dass selbst Staaten mit fruchtbaren Böden Grundnahrungsmittel importieren mussten.

Soziale Aspekte

Diese Situation setzt sich in vielen afrikanischen Staaten bis heute fort: Die afrikanischen Staaten müssen ihre Rohstoffe und Agrarprodukte wie Kaffee, Kakao, Obst auf dem Weltmarkt billig verkaufen und technische und andere hochwertige Geräte teuer einkaufen. Da sie oft nur eine Ware (aus den o. a. Monokulturen) zu verkaufen haben, sind sie von den schwankenden Preisen auf dem Weltmarkt völlig abhängig. Machen sich umgekehrt einige afrikanische Staaten auf den Weg zu einer vielfältigeren Landwirtschaft, so kann die EU-Agrarpolitik dies konterkarieren, wenn (wieder einmal) hoch subventionierte Lebensmittel aus den EU-Staaten so billig auf afrikanischen Märkten verkauft werden, dass die einheimische Landwirtschaft preislich nicht mithalten kann und damit eine eigenständige Landwirtschaft in ihrer Entwicklung behindert oder zu Grunde gerichtet wird.
Aus Sicht der Europäer ist hier die Angst von Arbeitnehmern zu nennen, die befürchten, durch die Einwanderer ihre Arbeitsplätze zu verlieren und somit in den sozialen Abstieg zu geraten.
Fast alle Bereiche der Push- und Pull-Faktoren gehören seitens der Flüchtlinge und Immigranten in den Bereich der sozialen Aspekte: Überbevölkerung, Probleme durch Umweltzerstörung, aber auch Kriege, politische, gesellschaftliche und kulturelle Umbrüche sorgen für Entwurzelung, Vertreibung, wirtschaftliche Not, Erwerbslosigkeit, Mangel an Bildungsmöglichkeiten und führen schließlich in eine sich ständig weiter drehende Spirale mit Armut, Not, Hunger und fehlender Zukunftsperspektive im eigenen Land.

Ethnische und ideologische Aspekte

Ethnische Aspekte berühren sowohl den Bereich der historischen wie der sozialen Aspekte. Viele der heutigen afrikanischen Staaten gehen auf die Grenzziehungen der europäischen Kolonialherren zurück, die, ohne Rücksicht auf Stammesgrenzen, Gebiete zusammengefasst und schließlich auch so in die Unabhängigkeit entlassen haben. Dies führte und führt noch immer zu innerstaatlichen Konflikten, zumeist allerdings verbunden mit Rivalitäten um fruchtbaren Boden, Weidegebiete oder Wasservorkommen. In der Folge dieser Konflikte kommt es zu Vertreibungen, Flucht, Entwurzelung. Ähnliches gilt für innerstaatliche Konflikte aus religiösen oder ideologischen Gründen, der Herrschaft von Eliten (interne Machtpolitik).

3. Welche Mittel haben die Konfliktparteien, um ihre Ziele durchzusetzen?

Die Flüchtlinge und Immigranten haben nur sehr wenige Möglichkeiten. Im Hinblick auf das Asylrecht können sie sich zwar auf dieses berufen, doch werden nur sehr wenigen dieser Flüchtlinge die Berechtigung des Asyls anerkannt. Deshalb ziehen sehr viele Menschen den Weg in die illegale Immigration vor.

Allein ihre große Anzahl macht den Erfolg Einzelner möglich: Viele erreichen Europa (illegal), weil sie aufgrund der vielen Flüchtlinge nicht entdeckt und aufgegriffen wurden.

Auf der Seite der EU wird die FRONTEX gestärkt, indem sie über eigene Mittel verfügt und unabhängig von einzelnen Staaten Fahrzeuge, Schiffe, Flugzeuge und Hubschrauber anschaffen kann. Erreichen die Flüchtlinge Europa, so werden sie in Lagern zusammengefasst und warten dort auf die Entscheidung über Aufnahme oder Rückführung. Illegale Einwanderer müssen, je nachdem in welchem Staat der EU sie Unterschlupf gefunden haben, mit unterschiedlichen Reaktionen rechnen.

4. Wie reagiert die Weltöffentlichkeit auf den Konflikt?

Auf staatlicher Ebene reagiert die Weltöffentlichkeit kaum bis spärlich. Staaten, wie die USA, haben ähnliche Probleme mit „ihren" Immigranten und halten sich „aus der Sache raus".

Organisationen der UNO, wie besonders der UNHCR, reagieren allerdings zunehmend kritisch auf die Situation der Flüchtlinge in den Auffanglagern wie dem in Lampedusa. Aber auch die Rückführungspolitik, der Umgang mit Flüchtlingen in ihren Booten im Mittelmeer und die Aktionen der FRONTEX werden kritisch beobachtet und im Zweifelsfall als Verstoß gegen die Genfer Flüchtlingskonvention verurteilt. Entsprechend steigt der Druck auf die EU, einheitliche Regelungen zu finden, die zudem mit den Forderungen des UNHCR und den Flüchtlings- und Menschenrechtskonventionen zu vereinbaren sind.

Eine nicht unbedeutende Rolle, sicher besonders im Hinblick darauf, die Öffentlichkeit auf die Situation der Flüchtlinge und die bisherigen Versäumnisse der EU aufmerksam zu machen, spielen die Nichtregierungsorganisationen (NGOs).

Hier sind unter vielen anderen NGOs so verschiedene Gruppen zu nennen wie „Amnesty International" oder „borderline-europe", „Menschenrechte ohne Grenzen e. V.". Ein eigener Blog befasst sich ausschließlich mit den Entwicklungen rund um FRONTEX.

5. Welche Lösungsmöglichkeiten zeichnen sich ab?

Bei dieser Thematik, die uns direkt betrifft, kann politische Meinungsbildung sehr konkret und direkt entwickelt werden: Spricht die EU von einer Stärkung der FRONTEX, so erhält sie Applaus besonders von denjenigen, die eine Überfremdung Europas durch Afrikaner befürchten. Spricht die EU davon, dass bei aller Stärkung der FRONTEX diese zugleich klare Verhaltensrichtlinien im Umgang mit Flüchtlingen im Sinne der Wahrung der Menschen- und Flüchtlingsrechte bekommen, so wird dies von denjenigen begrüßt, die den bisherigen Umgang mit den Flüchtlingen kritisch betrachteten oder auch laut als falsch und menschenunwürdig bezeichneten.

Neben diesen eher kurzfristig wirksamen Entscheidungen steht der mittel- und langfristige Umgang mit der Flüchtlingssituation an. Entscheidungen, die zu treffen sind, stehen zwischen der eher irrationalen Angst vor Überfremdung, der bereits wirksam werdenden Überalterung der europäischen Bevölkerung und der damit verbundenen Notwendigkeit von Immigration sowie Integration und der Haltung von Gesellschaften, Gruppen und jedes Einzelnen im Hinblick auf Menschlichkeit.

AV 2 und **AV 3**

Individuelle Lösungen der Schülerinnen und Schüler

Kriege im 21. Jahrhundert

S. 198/199

Gescheiterte Staaten und neue Kriegsformen

Lösungshinweise zu den Arbeitsvorschlägen

AV1

Gefährdete Staaten geordnet nach dem Grad ihrer Gefährdung
Ist hinreichend Zeit vorhanden kann u.a. problematisiert werden, warum z.B. die Bundesrepublik Deutschland, Großbritannien oder die USA nicht als ungefährdet gelten (Rückgang der wirtschaftlichen Entwicklung, Gefährdungen durch Terrorismus, ...).

Kopiervorlage
„Schema zur Konfliktanalyse"
6qf9j2

- Alarmierend: Somalia, Zimbabwe, Sudan, Chad, Dem. Rep. of the Congo, Iraq, Afghanistan, Central African Republic, Guinea, Pakistan, Ivory Coast, Haiti, Myanmar, Nigeria, Ethiopia, North Korea, Yemen, Bangladesh, East Timor, Uganda, Sri Lanka, Niger, Burundi, Nepal, Cameroon, Guinea-Bissau, Malawi, Lebanon, Republic of Congo, Uzbekistan, Sierra Leone, Georgia, Liberia, Kenya, Burkina Faso, Eritrea, Tajikistan, Iran;
- Besorgniserregend: Syria, Solomon Islands, Colombia, Kirgizstan, Egypt, Laos, Rwanda, Mauritania, Equatorial Guinea, Bhutan, Cambodia, Togo, Bolivia, Comoros, Philippines, Moldova, Angola, Azerbaijan, China, Israel/West Bank, Turkmenistan, Zambia, Papua New Gui- nea, Indonesia, Bosnia, Nicaragua, Swaziland, Belarus, Lesotho, Madagascar, Ecuador, Tanzania, Russia, Mozambique, Algeria, Djibouti, Guatemala, Cuba, Venezuela, Serbia, Thailand, Gambia, Maldives, Fiji, Mali, Cape Verde, Turkey, Jordan, India, Dominican Republic, Saudi Arabia, Honduras, El Salvador, Peru, Morocco, Vietnam, Sao Tome, Namibia, Benin, Mexico, Gabon, Macedonia, Armenia, Senegal, Suriname, Guyana, Kazakhstan, Paraguay, Microne- sia, Samoa, Albania, Ukraine, Belize, Libya, Brazil, Cyprus, Malaysia, Botswana, Jamaica, Bru- nei, Darussalam, Grenada, Seychelles, Tunisia, South Africa, Trinidad, Ghana, Croatia, Kuwait, Antigua and Barbuda, Mongolia, Bulgaria, Romania, Bahamas
- Mäßig: Panama, Bahrain, Montenegro, Barbados, Latvia, Costa, Rica, Qatar, United Arab Emirates, Estonia, Hungary, Poland, Malta, Slovakia, Lithuania, Oman, Greece, Mauritius, Argentina, Italy, Spain, Czech Republic, South Korea, Uruguay, Chile, Slovenia, Germany, France, United States, Singapore, United Kingdom, Belgium, Portugal, Japan

Quelle: Copyright © 2014, The Fund for Peace

AV2

Zwölf Anzeichen für einen Staat in Schwierigkeiten (Failed States Index)
soziale Anzeichen (Indikatoren):
- Überbevölkerung
- Vertreibung und Wanderung
- Hass und Streitigkeiten zwischen Bevölkerungsgruppen
- Menschen auf der Flucht

wirtschaftliche Indikatoren:
- Die verschiedenen Gruppen der Bevölkerung profitieren höchst unterschiedlich von der wirtschaftlichen Entwicklung.
- Die wirtschaftliche Entwicklung verzeichnet einen starken Rückgang.

politische Indikatoren:
- Korruption innerhalb staatlicher Behörden
- öffentliche Aufgaben werden vernachlässigt
- willkürliche Rechtsprechung, Verletzung der Menschenrechte
- Sicherheitsbehörden herrschen als „Staat im Staat".
- Es entstehen unterschiedliche, miteinander konkurrierende Eliten.
- Fremde Staaten oder ausländische Politiker mischen sich von außen ein.

AV3

Klassische Staatenkriege sind zu teuer geworden: Das Wettrüsten hat die einzelnen Staaten an den Rand des Ruins gebracht. Rüstung, Planung und Durchführung dieser Kriege ruinieren nicht nur potenzielle Gegner, sondern auch den potenziellen Angreifer – und das häufig bereits in der Vorbereitung eines Krieges.

AV 4

Die „neuen" Kriege sind billiger: Selbst Kinder und Jugendliche werden mit leichten, teilweise schweren Handfeuerwaffen ausgerüstet. Jeeps und nur leicht gepanzerte Fahrzeuge transportieren diese Milizen, die in vielen Fällen sich weniger in Auseinandersetzungen mit regulären Truppen begeben, viel eher die Zivilbevölkerung drangsalieren, erpressen und ausbeuten. Diese neuen Kriege fordern durchaus hohe Opferzahlen, wie dies der Krieg im Kongo mit etwa 4 Millionen Toten belegt.

AV 5

Gegen die Argumentation, dass die neuen Kriege einem Rückfall in die Zeit der Söldnerheere des Dreißigjährigen Krieges gleichen, spricht die Tatsache, dass zwar die Zivilbevölkerung auch heute oft dem Rauben, Morden und Drangsalieren hilflos ausgeliefert ist, die „Kriegsherren" ihre Ausbeutung aber so anlegen, dass die Menschen systematisch und langfristig ausgebeutet werden. Der Anbau von Rauschgift, der Handel mit Kindern und Frauen, die Ausbeutung von Bodenschätzen verschaffen den Gewaltherrschern hinreichend Gelder, um die Kämpfe fast endlos verlängern zu können.

Vertiefung: Wie die UNO den Frieden sichert

S. 200–205

Wie mächtig sind die Vereinten Nationen?

Lösungshinweise zu den Arbeitsvorschlägen

AV1

1. Geschichte, Aufbau, Aufgaben

Die UNO wurde 1945 unter dem Eindruck zweier Weltkriege von zunächst 50 Staaten in San Francisco gegründet.
Als wichtigste Ziele wurden vereinbart: den Weltfrieden zu erhalten, Konflikte friedlich zu lösen, die Menschenrechte zu achten und soziale und humanitäre Probleme in gemeinsamer Arbeit zu lösen.
Diese Ziele wurden in der Charta der Vereinten Nationen festgelegt.
Im öffentlichen Interesse stehen zumeist die Aktionen der UNO zur Friedenssicherung und damit auch die Tagungen und Abstimmungen des UN-Sicherheitsrates. Die Treffen der Generalversammlung, die als wichtigstes Beratungsorgan gilt, spielen im allgemeinen öffentlichen Interesse eine eher untergeordnete Rolle. Der Generalsekretär der UNO, der auf Vorschlag des Sicherheitsrates für eine fünfjährige Amtszeit gewählt wird, soll organisatorische und repräsentative Aufgaben übernehmen. Deshalb liegt es wesentlich in der Person des jeweiligen Generalsekretärs, welchen - auch politisch wirksamen - Einfluss er in der Weltöffentlichkeit nehmen kann. Zurzeit steht Ban Ki-Moon als Generalsekretär an der Spitze des Sekretariats der Vereinten Nationen. Er trat sein Amt am 1. Januar 2007 an. Weniger Beachtung finden in der allgemeinen Öffentlichkeit ebenfalls der Wirtschafts- und Sozialrat sowie der Treuhandrat. Der Internationale Gerichtshof wird in letzter Zeit hingegen mehr wahrgenommen.

Hinweis:
Im Hinblick auf die Thematik der Friedenssicherung kann in einem Kurzreferat auf eine umfassende Darstellung des Organigramms verzichtet werden. Wichtig sind der Sicherheitsrat und einige der folgenden kurz genannten „Sonderorganisationen" und „Spezialorgane".

- UNICEF – Kinderhilfswerk der Vereinten Nationen. Das Kinderhilfswerk unterstützt Mütter und Kinder in armen Ländern, kümmert sich aber auch um die „Kindersoldaten". Viele Staaten zahlen freiwillig Beiträge an UNICEF (Children's Emergency Fund). Die Organisation erhielt 1965 für ihre Arbeit den Friedensnobelpreis.
- UNESCO – Die Organisation der Vereinten Nationen für Erziehung, Wissenschaft und Kultur („United Nations Scientific and Cultural Organization") hat vor allem die Aufgabe, die Bildung zu fördern. Hierzu gehört in erster Linie der Bau von Schulen, die Förderung schulischer Bildung und die Alphabetisierung in armen Ländern, damit der „Teufelskreis" der Armut an dieser Stelle eher zu durchbrechen ist.

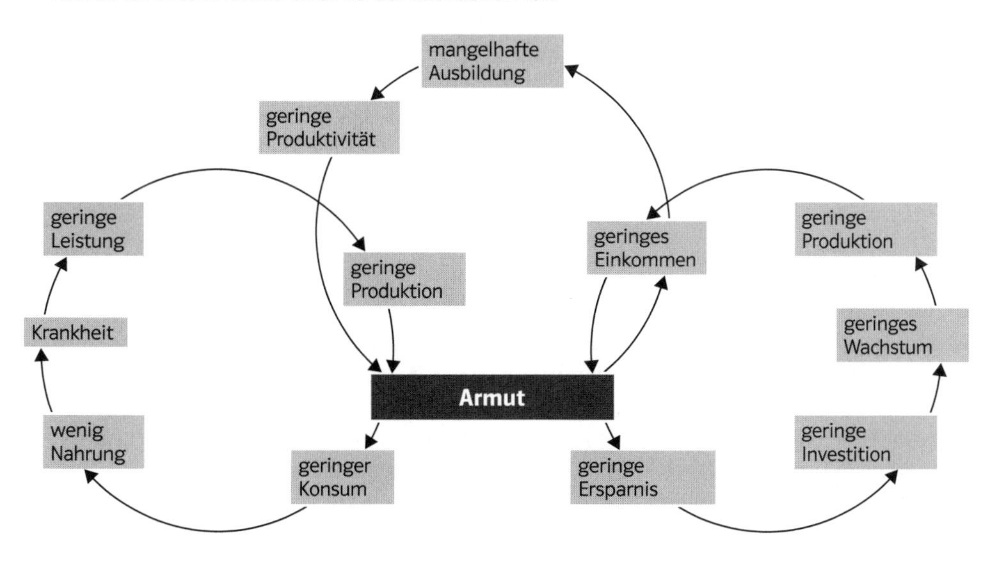

- UNFPA – Der Bevölkerungsfonds der Vereinten Nationen (United Nations Population Fund) ist ein bedeutsames Nebenorgan der UNO. Der Fonds kümmert sich um die Probleme, die durch Überbevölkerung entstehen können und arbeitet damit bereits im Vorfeld in Themenfeldern wie Familienplanung, Bildung, Gleichberechtigung, Schutz vor Gewalt gegen Frauen und Kinder. An UNFPA, der durch freiwillige Beiträge der Mitgliedstaaten der Vereinten Nationen finanziert wird, zeigen sich allerdings auch die Anhängigkeiten und Gefährdungen der UN-Organisationen: Die USA verweigern seit 2002 die Zahlung von Beiträgen mit der Begründung, der Fonds toleriere Abtreibungen und Zwangssterilisationen (besonders in China) und gefährde damit viele sinnvolle Projekte von UNFPA.

2. Möglichkeiten und Grenzen

- Im letzten Punkt unter 1 deutete sich bereits eine wichtige Grenze für die UNO an: Sie ist abhängig von den Zahlungen der Mitgliedstaaten. Da die Zahlungsmoral bei vielen Staaten nicht sehr hoch ist, steckte die UNO wiederholt in Finanzierungsnöten. Dies betrifft nicht nur die Einsätze der Friedenstruppen, sondern insbesondere die Projekte der „Sonderorganisationen" und „Spezialorgane", wie einige als Beispiele unter 1 genannt wurden.
- Aber nicht nur durch die direkte Unterfinanzierung gerät die UNO an ihre Belastungsgrenzen. Sie ist auch abhängig von der Bereitschaft der Mitgliedstaaten, Soldaten und Material für die Friedenseinsätze der Blauhelmtruppen zu stellen.
- Daneben stehen klare Fehlschläge, die durch einen falschen Auftrag entstehen. So 1992 in Bosnien, als der Auftrag ein militärisches Eingreifen nicht vorsah und die Blauhelme dem Morden nicht entgegentraten; so in Ruanda 1994, als die Zahl der Blauhelmtruppen verringert wurde und die dort verbliebenen Soldaten dadurch selbst in Gefahr gerieten.
- In den Bereich der Möglichkeiten gehören die Zielsetzungen, die sich die UNO selbst gegeben hat. Diese werden zwar als äußerst ambitioniert angesehen und Kritiker bezweifeln angesichts der Finanzlage der UNO und der Weltlage, dass sehr viele dieser Ziele in dem gesetzten Zeitrahmen erreicht werden können (→ Auszüge aus Millenniums-Entwicklungszielen, M 11 sowie auch M 12).

3. Die weitere Entwicklung

Eine günstige Entwicklung der UNO hängt vor allem von zwei Aspekten ab: der Reformierung der Struktur des Sicherheitsrates und dessen Einflussmöglichkeiten, die der UNO seitens der beteiligten Staaten zugebilligt wird.

- Bei der Reform des Sicherheitsrates wird es vor allem darum gehen, dass der globalen, ökonomischen und militärischen Entwicklung der Staaten Rechnung getragen wird. So wird China in den kommenden Jahrzehnten zur ökonomisch größten Macht werden, Indien wird nicht weit entfernt wahrscheinlich zur drittgrößten Wirtschaftsmacht avancieren, die europäischen Staaten könnten hier lediglich als Union mithalten. Brasilien, Indonesien und Russland mit seinen Bodenschätzen stehen auf dem Sprung. Einer solchen Entwicklung muss eine zukünftige Zusammensetzung des Sicherheitsrates sowohl im Bereich der (Anzahl der) ständigen Mitglieder wie auch der (Anzahl der) gewählten Mitglieder Rechnung tragen, soll der Sicherheitsrat weiterhin ernst genommen werden. Zugleich darf das gegenseitige Blockieren (Vetorecht) nicht fortgesetzt werden.
- Im Bereich der Einflussmöglichkeiten wird die mögliche Entwicklung durchaus unterschiedlich beurteilt. Während die einen die Fortschritte betonen und die Staaten mahnen, die Vereinten Nationen in den Stand zu versetzen, dass diese diejenigen Aufgaben erledigen können, die kein Land allein lösen kann, betrachten andere die Entwicklung eher skeptisch und fordern, die Vereinten Nationen sollten sich um Politikbereiche kümmern, in denen ein gemeinsamer Handlungsbedarf definiert wurde (besonders Friedensmissionen), ansonsten sollte man eine „Herabstufung" der UN-Aufgaben in Betracht ziehen. Entsprechend kritisch werden etliche der Millenniums-Ziele gesehen.

Tipps zur Erarbeitung:

M 15 zieht eine insgesamt positive Bilanz, fordert jedoch den heutigen und zukünftigen (Macht-)Verhältnissen angepasste Abstimmungsstrukturen im UN-Sicherheitsrat. Ansonsten wird die Arbeit der UNO gewürdigt und für die Zukunft positiv gesehen.

M 16 zieht auch eine positive Bilanz, weist aber auf die Schwierigkeiten bei der Lösung der anfallenden Konflikte und Probleme auf multilateraler Ebene. Zwar könnten sich beispielsweise globale Umweltprobleme nur auf multilateraler Ebene lösen lassen, andere Probleme bedürften allerdings nicht einer global arbeitenden Organisation wie der UNO. Zudem werden andere bi- und multilaterale Foren ins Feld geführt, die wahrscheinlich etliche Probleme besser lösen könnten als die UNO. Die UNO müsste auf den Bereich herabgestuft werden, der das originäre Betätigungsfeld dieser Organisation sei: Friedenssicherung.

Vertiefung: Nicht nur Staaten können helfen

S. 206–209

Welche Organisationen leisten Hilfe?

Lösungshinweise zu den Arbeitsvorschlägen

AV1

1. **Allgemeine Bedeutung und Zielsetzungen von NGOs**

- Die Ziele und Größen von NGOs sind sehr unterschiedlich: Während sich einige als Bürgerinitiative für ein einzelnes Projekt zusammenfinden, andere in Sportvereinen arbeiten, sich für den Natur- oder Tierschutz engagieren, arbeiten Organisationen wie das Rote Kreuz oder Amnesty International weltweit. Für alle NGOs gilt, dass sich in ihnen Menschen zusammenschließen, die ein gemeinsames Interesse haben.
- Ein weiteres gemeinsames Merkmal ist, dass NGOs bewusst keine staatlichen Einrichtungen sind und auch nicht im Auftrag von Staaten arbeiten wollen. Sie wurden von Privatleuten gegründet und möchten in ihrer Arbeit unabhängig und unbeeinflusst von staatlichen Stellen oder Unternehmen sein.
- NGOs beeinflussen durch öffentliche Aktionen, Ideen und Konzepte, Lobbyarbeit und Hilfsaktionen sowohl die Arbeit überstaatlicher Organisationen wie der UNO, NATO, EU, WTO, IWF etc., wie auch die von Staaten und anderen nicht staatlichen Akteuren, wie Medien, Parteien, Unternehmen, anderen Interessenverbänden etc.

2. **Ein bis zwei Beispiele – von den Schülerinnen und Schülern selbst gewählt, nach dem Schulbuch erweitert und ggf. weitergehend recherchiert.**

- Name, Bedeutung
- Entstehung
- Zielsetzungen
- Leistungen

3. **Möglichkeiten und Grenzen**

- Möglichkeiten
  Die Leistungen von NGOs sind unumstritten und allgemein anerkannt. Sie gelten als Impulsgeber in praktisch allen globalen Fragen, vor allem in den Bereichen Umwelt, Entwicklung, Menschenrechte, sowie in letzter Zeit zunehmend intensiver und einflussreicher bei ökonomischen Fragen der Globalisierung. Organisationen wie Greenpeace haben eine breite Unterstützung in der Gesellschaft und nehmen deutlich auf Entscheidungsprozesse (Greenpeace auf zentrale ökologisch-politische Entscheidungsprozesse) Einfluss.
  Daneben stehen die humanitären Hilfseinsätze in allen möglichen Konfliktbereichen. Dies geht über die Nahrungsmittellieferung, medizinische Versorgung, bis hin zur Flüchtlingshilfe, den Schutz von Zivilisten und Kriegsgefangenen sowie der Kontrolle, ob Menschen- und Völkerrecht von den Konfliktparteien beachtet werden. Gerade bei der Verletzung von Menschenrechten spielen die NGOs mit ihrer Öffentlichkeitsarbeit eine große Rolle.
- Grenzen
  Die Grenzen ergeben sich im Hinblick auf Mängel der Legitimation, die Lückenbüßerfunktion und mangelnde Unabhängigkeit

Tipps zur Erarbeitung:

- Grundsätzlich wird der Einsatz der NGOs positiv gesehen, besonders im Hinblick auf ihre vorantreibende Wirkung in Sachen Menschenrechte und menschenwürdige Lebensbedingungen weltweit. Als wichtigste Aspekte, die kritisch betrachtet werden, gelten Mängel bei der Legitimation, die Lückenbüßerfunktion, die NGOs immer häufiger einnehmen, und mangelnde Unabhängigkeit von staatlichen Institutionen. Die Kritik zur mangelnden Unabhängigkeit zielt in zwei Richtungen. Einerseits wird kritisiert, dass sich NGOs in Krisengebieten von verschiedensten Warlords abhängig machen, indem sie zum Beispiel einen Teil der Nahrungsmittellieferungen an diese Warlords abgeben oder Schutzgelder an jene zahlen, um überhaupt helfen zu können. Somit würden sie „ein Glied in der Kette der entstehenden Gewaltmärkte" werden. Auf der anderen Seite wird die Abhängigkeit vieler NGOs von staatlicher Unterstützung oder Hilfen von Unternehmen moniert.
- Zur Vertiefung kann selbstständig recherchiert bzw. der Online-Code genutzt werden.

→ S. 210 - 213

Vertiefung: Was hat das mit uns zu tun?

Friedlich mit Konflikten umgehen

Lösungshinweise zu den Arbeitsvorschlägen

AV1

1. Negativer Frieden:
- Krieg bedeutet Gewalt, Zerstörung, Mord und Elend.
- Frieden bedeutete lange Zeit, dass es keinen Krieg, keine militärischen Auseinandersetzungen gibt.
- Frieden bedeutet aber mehr als die Abwesenheit von Krieg. So lange es Armut, Hunger, Umweltzerstörung, Unterdrückung, Hass gibt, so lange gibt es keinen „richtigen" - positiven - Frieden.

2. Positiver Frieden:
Zu einem positiven Frieden gehören:
- soziale Gerechtigkeit,
- ökologisch-nachhaltige Sicherheit,
- Achtung der Menschenrechte,
- demokratische Strukturen,
- das Fehlen verdeckter und struktureller Gewalt.
- Hierzu müssen in verschiedenen Bereichen „Friedfertigkeiten" entwickelt werden (Ideen, Haltungen, Verhaltensweisen): soziale, ökologische, politische, persönliche Friedfertigkeit; zu den Beispielen vgl. Hinweise zu Doppelseite 212/213.

3. Wege zum positiven Frieden:
Diese Wege sind nicht nur die hochrangiger Politiker oder Staaten. Es sind die Wege, die wir gehen müssen:
- Wir müssen Verantwortung übernehmen: „Wenn wir Ungerechtigkeit und Armut bekämpfen, bekämpfen wir auch den Krieg" (M 4).
- Wir müssen uns gegen strukturelle Gewalt wehren: „Wenn also im 18. Jahrhundert ein Mensch an Tuberkulose starb, wird das schwerlich als Gewalt auszulegen sein, da es wohl kaum zu vermeiden gewesen sein dürfte; wenn er aber heute, trotz aller medizinischen Hilfsmittel der Welt, daran stirbt, dann haben wir es nach unserer Definition mit Gewalt zu tun." (M 2).
- Wir müssen uns für soziale, ökologische und/oder politische Friedfertigkeit engagieren (→ Hinweise zu S. 212/213).
- Wir müssen an unserer persönlichen Friedfertigkeit arbeiten (→ Hinweise zu M 8).
- Wir sollten täglich kleine Schritte besonders in Richtung persönlicher und sozialer Friedfertigkeit gehen (→ Hinweise zu S. 212/213).
- Wir sollten uns für soziale, ökologische und politische Friedfertigkeit engagieren (M 6, M 7).

AV2

→ Hinweise zu den Doppelseiten 210/211 sowie die Punkte 1 und 2 bei Lösungen zu AV1

AV3

Individuelle Lösungen der Schülerinnen und Schüler